BEING THE BOSS
THE 3 IMPERATIVES FOR BECOMING
A GREAT LEADER

上任第一年 ②

从团队管理者到卓越领导者的成功转型

[美] 琳达·希尔（Linda A. Hill） 著
洛厄尔·肯特·莱恩巴克（Lowell Kent Lineback）

宋成一 黄卫峰 / 译　康至军 / 审校

机械工业出版社
CHINA MACHINE PRESS

图书在版编目（CIP）数据

上任第一年 2：从团队管理者到卓越领导者的成功转型 /（美）希尔（Hill, L. A.），（美）莱恩巴克（Lineback, L. K.）著；宋成一，黄卫峰译 . —北京：机械工业出版社，2015.12（2024.11 重印）
书名原文：Being the Boss: The 3 Imperatives for Becoming a Great Leader

ISBN 978-7-111-52442-7

I. 上… II. ①希… ②莱… ③宋… ④黄… III. 企业领导学 IV. F272.91

中国版本图书馆 CIP 数据核字（2015）第 295664 号

北京市版权局著作权合同登记　图字：01-2012-7799 号。

Linda A.Hill, Lowell Kent Lineback. Being the Boss: The 3 Imperatives for Becoming a Great Leader

Copyright © Linda A. Hill and Lowell Kent Lineback.

Published by arrangement with Harvard Business School Press.

Simplified Chinese Translation Copyright © 2016 by China Machine Press. This edition is authorized for sale in the Chinese mainland (excluding Hong Kong SAR, Macao SAR and Taiwan).

No part of this book may be reproduced or transmitted in any form or by any means, electronic or mechanical, including photocopying, recording or any information storage and retrieval system, without permission, in writing, from the publisher.

All rights reserved.

本书中文简体字版由 Harvard Business School Press 授权机械工业出版社在中国大陆地区（不包括香港、澳门特别行政区及台湾地区）独家出版发行。未经出版者书面许 可，不得以任何方式抄袭、复制或节录本书中的任何部分。

上任第一年 2
从团队管理者到卓越领导者的成功转型

出版发行：机械工业出版社（北京市西城区百万庄大街 22 号　邮政编码：100037）

责任编辑：岳小月　　　　　　　　　　　　责任校对：董纪丽

印　　刷：固安县铭成印刷有限公司　　　　版　　次：2024 年 11 月第 1 版第 21 次印刷

开　　本：170mm×242mm　1/16　　　　　印　　张：15

书　　号：ISBN 978-7-111-52442-7　　　　定　　价：69.00 元

客服电话：(010) 88361066　68326294

版权所有・侵权必究
封底无防伪标均为盗版

译者序
THE TRANSLATOR'S WORDS

为什么要读这本书

管好别人,是管理者一生的挑战。

在自己的职业生涯当中,曾经历过多个层级的晋升和转型,体会最深的,就是从员工到团队领导的这一跳,最惊险,也最困难。尽管到了更高的级别,管理工作会变得非常复杂,但如何管好人、带好自己的团队,依然是最重要的挑战。

在多年的咨询与高管辅导生涯中,我曾遇到很多大型集团身居高位的领导者。当与他们一起解决工作中的问题时,经常会发现,问题的根源在于他们在管理生涯的早期,没有掌握基本的管理技巧(尤其是管人)。而这一问题逐渐被升职所掩盖,成为后遗症。

因此,各个层级的管理者,在管人带团队上都有一些共同的思维误区。例如,认为抓业务才是正道,管人是浪费时间和精力的杂事儿;管人和管事必须分开,管人必须要耗费额外的精力,等等。

说到这些问题,就不得不说到本书。本书的内容系统而实用,处处透露着作者对现实管理挑战的洞察和剖析。印象最深的两处,观点精辟,恰恰对应上面的两个误区。

"越关注目标，越需要关注具体做事的人"

管理者必须为工作负起责任，但要做到这件事，他们必须影响做这些工作的人。管人不仅不是杂事儿，而是达成目标的关键。管人和管事是一枚硬币的两面，正面是管事，背面是管人。

"将管理融入日常工作中"

优秀的管理者并不会将每天要做的事与管理工作分开，并不是努力在一堆必要但却无聊的杂务中，挤出时间来做他们"该做"的事，比如培养下属。他们擅长顺势而为，随时利用自己必须要处理的每一件事，来完成管理的要务。例如，特意把一件紧急的跨部门任务交给一位有潜力的骨干员工，来培养他的协作和影响能力。

有朋友可能关心，这本书与《上任第一年1》是什么关系？在《上任第一年》这本经典之作的最后，琳达·希尔教授提出了管理者的两大挑战：如何在没有正式职权的情况下发挥影响力；如何建立有效的团队，而不仅仅是管好每一个个体。

这两个问题是如此重要，为了提供更加细致、具体的建议和指引，琳达教授再度出手，撰写了这本面向资深管理者的著作。这一次，她邀请了一位重量级的合作者——肯特·莱恩巴克。两位作者堪称最佳拍档，理论与实践完美融合。

琳达·希尔是最接地气的管理学教授之一。也正因为此，挑剔的管理大师亨利·明茨伯格才多次不吝赞美之情，对其研究成果颇多肯定。本书延续了《上任第一年1》的风格，关注现实挑战，给予简洁、有力的指引。

肯特·莱恩巴克为本书增色很多。莱恩巴克有着数十年的职业经历，更难得的是，正如他自己所说，因为天性原本就喜欢观察，因此在工作中总是身兼演员与观众的角色。正因为此，他对管理工作的本质、常见的错误以及对策，有着自己的独到见解。

两位作者的联合，使得本书提供了丰富、完整而又简易可行的模式。在校对的过程中，一边为作者的洞察和娓娓道来击节赞叹，一边有相见恨晚的感慨：如果早几年能够读到它该有多好，就可以少走很多弯路。

因此，最后需要指出的是，本书不仅适合有3~5年管理经验的领导者，也适合已经身居高位的领导者。本书提供的建议，面对的正是让所有层级的管理者头疼的棘手问题。相信所有层级的领导者，都会从中受益。

康至军

《上任第一年》系列校译、《事业合伙人》作者

序 言
PREFACE

为什么要写这本书

本书写给想要在职场上游刃有余、卓有成效的管理者,也就是那些想在与他人一起工作或在领导团队的工作中有杰出表现的人。在过去的近 30 年时间里,我一直在研究优秀的管理者现实中都做了什么,以及他们是怎样学会做这些事情的。我的结论是:做好管理很不容易,而且越来越难。

作为哈佛商学院领导力中心主席,我花了大量时间与来自全球的精英人才一起工作。他们满怀抱负、聪明且事业有成。没有什么比看着这些不断前进、实现抱负的管理者更让我高兴了。但是,我也看到太多人壮志未酬、铩羽而归,未能真正发挥潜能。为什么?因为他们停止了对自我的开发。领导力就是帮助自己更好地达成目标。它可以通过学习获得,但前提是你必须愿意学习,并且致力于严格的自我发展。

在《上任第一年1》一书的第 1 版中,我仅仅为新经理提供了一个平台,来分享他们第一年工作中的各种挑战与磨难,以便为其他新管理者提供借鉴。令人高兴的是,这些故事至今仍然能引起共鸣。有很多管理者不断地发邮件来分享他们阅读后的感受,当他们发现其他人也有与自己类似的痛苦经历时，顿时感觉很宽慰！

在《上任第一年1》中，我强调了新经理在处理挑战时经常提出的三个问题：我怎样更有效地处理组织政治以及影响我的同事和上司？我怎样随着时间的变化来开发并领导一个多样化的团队？我怎样才能打造一个成功的管理生涯？在《上任第一年2》中，我基于自己作为MBA领导力课程的课程带头人的经验，提炼出经过检验的分析框架和对策建议。

让我惊讶的是，这么多年来许多资深的管理者不断和我联系，对《上任第一年1》表示感谢！其中有一个人说这是她读到的最好的书，"你从来不知道自己是否已经从'胜败全靠自己的商学院'里学到了正确的课程"。的确，在现实环境中，自己到底有没有做对事情，以及到底表现如何，要获得诚实的反馈不容易。

和《上任第一年1》一样，《上任第一年2》讨论的也是管理的基本要素。《上任第一年2》的目标读者不只是新经理，更是有经验的管理者。如果你已担任管理者多年，如何判断自己的表现是否称职？你希望自己真正出类拔萃吗？

洛厄尔·肯特·莱恩巴克就是一位资深的管理者，也是我最棒的合作伙伴。他问我是否有意合写一本书，讨论当今优秀管理者所需的基本特质，为大家提供丰富完整而又简易可行的模式。我们想在你履行管理职责的时候，提醒你应该将注意力和精力放在哪些事情上；我们想要点出一些常见的管理悖论，以及管理者经常犯的错误。我们怎么知道自己所写的东西是真实有效的？我们以研究成果为基础，加上各自几十年的管理、教学和顾问经验；我们辅导过的管理者遍布世界各地，在各种不同的组织中扮演着各式各样的角色。

管理者必须通过不断学习进而精通管理及领导之道，本书的目的就是要呈现这一过程。曾经有一位管理者把管理的学习比喻成初为人父或人母的过程：各种学习及挑战会不断出现，而且越来越复杂。只能满心期望自己随着时间的流逝而变得越来越聪明，以便为孩子提供人生不同阶段所需要的指导与帮助。这个比喻非常贴切。

本书鼓励大家不断进行自我反思，以获得达成事业目标所需的智慧。在内容和形式上我们做了精心的设计，以便你可以将所学转化成富有成效的行动。所有人甚至最伟大的管理者都是不完美的，但是我敢打赌，那些你极其钦佩的管理者一定懂得，精通管理需要纪律、坚持与决心。希望本书可以成为你手边的工具书，随时用它来帮助自己进行必要的调整，以便更好地实现自己的梦想。

琳达·希尔

在过去的30年里，我在各种组织中担任管理者。我从基层的项目经理做起，经过多个职位的历练，最后做到总经理。在职业生涯中，我面对过各种不同的工作任务：从为客户完成项目，到每天按照计划达成工作成果，一直到思考企业层面的愿景、目标与策略。

回顾这一旅程，我从来没有认为自己能够经常做到"称职"以上。我有优势也有不足，也无法避免常见的倾向：常常高估自己的优势，事后又会认识到自己的不足。若说我和其他管理者的最大差别，那就是我一向非常关注自己工作的本质以及它所需的能力。我的天性原本就喜欢观察，在工作中总是身兼演员与旁观者的角色。

我并没有立志要做管理者，我最初的志愿其实是教书。管理者工作的一部分和教书很像，但其他部分与我的个性并不符合。比如说，我刚开始时比较喜欢用友谊来影响别人，后来才发现这条路行不通。我对管理的理解，主要是因为我喜欢随时反躬自省，不时思考要如何做才能成功的习惯。

然而，我之所以培养出自我反思的能力，最主要的是我在工作中的机缘巧合。研究生毕业之后，我很幸运地跟随一生投身于管理研究的大师斯特林·利文斯顿（J.Sterling Livingston）工作。他曾是哈佛商学院教授，在《哈佛商业评论》发表过两篇传世之作。《管理中的"皮格马利翁"》讨论了"期望"在管理中所能产生的影响;《管理教育的迷思》则指出，在商学院学习期间成绩优秀的管理者，不一定能在未来的工作和生活中表现出色。

我认识斯特林不是因为他是一名教授，而是因为他的连续创业家的身份。当时，他刚刚成立斯特林研究所，想要改造管理教育。我担任他的助理，贴身一起工作，这为我学习他的管理理念和思想提供了机会。

本书凝结了斯特林的很多理念。首先，成为管理者是生活中极为艰难的转型之一，与离家独立、结婚、退休等重大人生经历相当。这是斯特林凭借直觉得出的结论，也被琳达随后深入的实证研究所证实。其次，管理是一种实践，更是一种流程。因此，优秀的管理者应该有一套系统化的行为模式，同时要确保自己能够坚持这些做法。

再次，"权责不对等"。"权力和责任相匹配"被视作管理箴言，斯特林总是嘲笑这种论调。他认为，管理者的责任永远超过权力，而优秀的管理者需要勇于担当，找到方法达成目标，这就是今天所谓的"资源整合"能力。最后，他认为管理工作的核心就是培养下属，好的管理者应该将工作职责设计成足以培养下属能力的任务，他们通过开发员工来开展工作。

斯特林为我上的最后一堂课是通过他的行事方式，而非理论。尽管对管理有诸多精辟见解，但他自己却是个很糟糕的管理者。这几乎是他身边所有人得出的结论，而且他自己也知道是这样。例如，他从前经常让我这乳臭未干的小子帮他下达指令给高级管理者，实际上这种事情他应该自己做。有一次，当我建议他应该亲自去做这些我帮他做的事时，他恼怒地说："我完全知道管理者该做些什么事，只是我很不喜欢那么做而已！"直到那时，我从来没有把管理看作是纪律和勇气，这要求我们要做很多或许不喜欢的事情。在我看来，尽管斯特林成就斐然，但当年他也未能达到优秀管理者的标准。

职业生涯的早期为斯特林工作，让我对管理变得非常敏感。管理是可以研究和学习的活动，它是我能够并且应当重视的事情，和我的性格倾向相匹配。因此，在之后的30年里，我一直在关注它。尽管斯特林作为管理者有很多缺点，但他对我的生活产生了深远的影响，他的精神也体现在本书里。

在工作25年后，我加入了哈佛商学院出版社，因而有机会与许多管理专家合作开发管理课程。如果为斯特林工作是我管理生涯的前奏，这份工作就是最终乐章。它为我提供了一个学习和反思工作经历的机会，让我明白到底是什么起了作用，我在哪儿以及为什么还有欠缺。我所学到的一切，都呈现在本书里。

在此期间，一个偶然的机会我发现了琳达的《上任第一年1》，我怀着浓厚的兴趣读完了它，这本书在帮助我理解自己的经历时发挥了非常重要的作用。

非常荣幸能与琳达合作《上任第一年2》。真希望40年前我就有机会读到《上任第一年1》。假如当时我有如今的成熟度，并且按照书中的建议进行实践，我绝对会成为更好的管理者，让自己和同事都少走很多弯路，希望本书能以此目的服务于大家。很大程度上，本书代表了我热衷于教育和希望帮助别人成功的初衷的回归。

洛厄尔·肯特·莱恩巴克

致 谢
ACKNOWLEDGEMENTS

一本书的形成需要多人的合作,本书也不例外,非常感谢在我们写作中获得的所有帮助和建议。本书如果有一些优点,它们都来自于时间、努力以及大家的慷慨建议。

我们深深地感谢那些读过本书的手稿——这是个不小的任务——并且提供了深思熟虑的建议的朋友们:Greg Brandeau、Joline Godfrey、Benjamin Esty、Boris Groysberg、Rakesh Khurana、Anthony Mayo、Tom Delong、Henry Mintzberg、Sandra Gittlen、Peter Naegeli、Susan Anastasi、Christopher Galbraith、Kwan-Kit Liu,以及出版社征募的不知名的读者。Bonnie Binkert、Robin Heyden 以及 Cinny Little 三位评论者帮助我们推敲每章的开篇故事,他们的建议使本书比初稿要好得多。

其他给予帮助的人包括:我们的编辑 Jeff Kehoe,他给予了足够的耐心和建议;我们的代理人也是肯特的妻子 Carol Franco,她阅读了每章并且能够在提出高要求的同时给予鼓励;Emily A. Stecker,琳达的同事,他仔细阅读了书稿并提出了有洞察力的建议;Barbara Devine,他的领导力对我们帮助很多,也让波士顿和圣达菲的距离不再是问题;Jennifer McNamara 在起草手稿方面帮助了我们;Carla Fantini 帮助我们考虑到了多元文化的问题。琳达还特别感谢哈佛商学院为她提供的时间和资源。

最后要特别感谢我们的家庭，他们的爱和支持让我们一路向前。对于琳达而言，他们分别是 Roger Breitbart、Jonathan Hill Breitbart 以及 Dana Hewett；对于肯特而言，则是他的妻子 Carol Franco。我们经常因写作而无法陪伴他们，他们还包容了我们在写作过程中产生的焦虑感。琳达要特别感谢她的父亲 Clifford Hill，他教给了她诚信和关怀是伟大管理的核心。

目 录
CONTENTS

译者序　为什么要读这本书
序言　　为什么要写这本书
致谢

引　言　你的管理者之旅走到了什么阶段　001
第1章　资深管理者的三大要务　011

第一篇　自我管理

第2章　仅靠职权是远远不够的　030
第3章　别把个人关系加入管理中　044
第4章　信任是影响力的关键　052
第一篇总结：自我管理评估　064

第二篇　人脉管理

第5章　理解你所处的组织　068
第6章　编织影响力网络　081
第7章　不要忘记你的上司　101
第二篇总结：人脉管理评估　114

第三篇　团队管理

第 8 章　为未来做计划　*118*

第 9 章　建立明确的团队运作规范　*143*

第 10 章　管理好每一位团队成员　*165*

第 11 章　通过日常工作完成管理要务　*187*

第三篇总结：团队管理评估　*200*

第 12 章　完成你的管理者之旅　*203*

结语　艰辛的旅程　*221*

附录　雷诺教育机构人员名单　*224*

注　释⊖

参考文献⊖

⊖ 参看本书注释和参考文献请登录：course.cmpreading.com。

引 言
你的管理者之旅走到了什么阶段

你是称职的管理者吗？你已练就好管理者的基本功了吗？你知道怎样激发下属的最佳表现吗？你准备好承接更大的领导责任了吗？你的表现是否足以继续迈向事业的最高目标，还是你已开始停滞不前了？

《上任第一年2》帮助你回答这些问题。本书讨论的不只是优秀的管理，更是讨论"你"——你如何评估自己目前的工作能力，以及怎样才能成为你希望也是必须成为的优秀管理者。

准备好接受挑战了吗？你知道怎样更上一层楼吗？

为了帮助你思考这些重要问题，我们设计了杰森·彼得森（Jason Pedersen）的案例。他刚获任新的管理职位，将面临严酷的考验。我们将从彼得森上任第一周的星期五所发生的情况开始，以他工作中的插曲作为每章的开篇。我们希望通过这样的安排，显示他是怎样痛苦地认知到自己的职责与处境的。在阅读过程中，希望大家把自己想象成彼得森，并思考你将如何处理他所面对的种种挑战。

清晨 6:10。天还没亮，彼得森就进了雷诺教育机构伦敦分公司的办公室。雷诺教育机构是年销售收入 6.3 亿美元的出版商，出版的内容涵盖从幼儿园到大学的教材。

　　彼得森从背包里拿出笔记本电脑以及所有昨晚在公司宿舍里阅读的材料。未来至少 6 个月，他都将暂时以公司宿舍为家。

　　今天是星期五，是他就任"新星计划"（Project Emerge）发行人的第五天。新星计划是雷诺教育机构的新创事业，成立才 6 个月，主要业务是在网络上提供大专程度的工业技术课程，这套课程由发展中国家的一些高等院校共同出资赞助，教材未来也将提供给它们使用。

　　雷诺教育机构的总部位于波士顿，它的母公司雷诺公司总部设在纽约，是一家年销售收入高达 123 亿美元的国际传媒企业，旗下发行许多商业及专业刊物、大众读物、书籍以及科技期刊等。

　　彼得森 6 年前加入这家公司从事 IT 工作。雷诺教育机构并购了多家出版公司，彼得森负责整合这些出版公司的信息系统。由于希望在公司更上一层楼，彼得森申请转调编辑部门，在新岗位他成功完成了两个颇为复杂但结果极为成功的产品开发计划。此举让他成为公司冉冉升起的新星。

　　三个星期前，他接受雷诺教育机构 CEO 弗雷德·怀特洛及编辑部执行副总裁雷·桑切斯的邀请出任新职。当时新星计划中的"程序设计导论"课程几乎已全部就绪，准备上线了。他们希望这个新课程不但能够证明，由国外教育机构赞助雷诺发展在线计算机课程的新商业模式确实可行，同时还能为这种方兴未艾的新业务奠下成功的基础。第二天，当彼得森表达接受这个职位时，他的新老板桑切斯大大松了口气。桑切斯说："世界正在改变，雷诺也必须跟着改变。'新星计划'是公司转型过程中非常关键的一步,我们都指望你了。先前你证明了自己有执行产品开发计划的能力,现在你需要证明自己也具备领导及开创业务的能力。"

彼得森过去一周都在努力了解新业务以及部门的同事。他与六位直接下属进行了面对面的交流,团队中有印度人、韩国人、中国人、美国人、阿根廷人和尼日利亚人,年龄在27～57岁。到目前为止,他只和直线向他汇报的下属谈过话,但并不包括团队里的另外九位成员。除了怀特洛和桑切斯以外,他也通过面对面或视频会议的方式,与他将经常打交道的五位雷诺公司高级管理者沟通过,包括国际业务部、教育技术部、信息技术部、人力资源部以及财务部的负责人。他同时还隶属于公司的三个特别任务小组,但是还不知道它们需要自己投入多少精力。

昨天晚上,当他在黑暗中躺下来努力睡着时,他的脑子里不停地转动着这周他一直听到的一连串的期望、问题以及抱怨。"新星计划"是雷诺教育机构最受瞩目的新业务,每个人对它所能带来的好处、对自己可能造成的影响、这个项目存在哪些"问题",似乎都有自己的想法。今天,他忧心忡忡地提早来到办公室,就是希望好好整理一下过去四天以来所做的大量笔记。

上午 7:40。经过一个多小时,喝了两杯咖啡之后,他终于理清了所有即将面对的问题。上个星期二,他试着联络已调往其他部门的新星计划前任负责人弗兰克·里格比,但一直没收到回电。现在,他担心自己可能碰到了最糟的状况,里格比也许是在问题即将引爆前匆匆溜之大吉的。

彼得森研究了手上的清单。最棘手的问题包括三部分:第一,新星计划和最重要的合作伙伴——非营利机构"国际技术教育基金会"（IFTE）的关系似乎不太融洽，甚至关系紧张。第二，新课程的报名计划才刚开始，但有许多重要的工作步骤却已大幅落后。国际业务部和 IFTE 还没有履行承诺。第三，这项重要课程的在线学习教材并未按照计划进行。他还需要搞清楚教材制作的进度。

这些问题关系到新星计划能否成功，但要解决这些问题，彼得森需要依赖大量项目团队之外的人和机构。彼得森离开信息部门的原因之一，就是不想再面对整合不同 IT 系统时几乎无法避免的政治斗争。现在，他发现自己又回到组织斗争当中，而且恐怕还得花不少时间来面对自己并无管辖权的人和团队。那是让人手足无措甚至茫然的感觉，他一度以为自己已经摆脱了这种感觉。

昨天在电话中，桑切斯似乎不想听到彼得森所发现的种种问题。当彼得森开始提起项目中存在的问题以及其他团队没有做到的事情时，桑切斯只简单地回答："这不正是我们找你来接这任务的原因吗？没有任何事情是好的管理者不能解决的。"彼得森本想从桑切斯那里得到鼓励，现在却正好相反。彼得森开始心神不安："我要怎样才能让每个人做到自己原本就该做的事？这简直就像要让一群不知规矩为何物的野猫乖乖排队一样。"

这和星期一刚上任时的心情比，落差实在太大了。第一天早上，他信心满满地走进办公室，确信自己绝对能够扛起这个重要项目，打开新局面并开创一番事业。这是他大展宏图的机会。如果顺利达成目标，他将能在一年内将团队人数扩张到 40 人，假以时日，他的影响力更将远不止于此。

现在，他却开始怀疑能否胜任这项工作了。他想起怀特洛和桑切斯提出的条件：他有 6 个月的时间证明自己有能力开创一个潜力无穷的新业务，不再只是开发一款优秀的产品。如果成功达成目标，他就能将家人接到伦敦来；失败的话，他得卷起铺盖回波士顿。有生以来头一遭，他觉得自己真的有一败涂地的可能，之前他从来没有失败过。

上面的情节听起来熟悉吗？大多数管理者迟早都会遇到类似的情况，他们会意识到要成为称职的管理者是一个巨大的挑战，上几堂管理课甚至获得MBA学位，往往都对解决问题帮助不大。

当然，你的工作内容绝对与彼得森有所不同。但你是否也曾面临这种极富挑战性的时刻，发现工作的要求远远超过自己具备的能力，自己还有太多需要努力的地方？

这对新晋升的管理者而言是普遍的经历，但也有可能担任多年管理者之后才出现这种情况。有一天你突然发现，自己无法前进，走投无路，不再进步，不再成长；或是，你的下属表现得非常不理想，而你似乎就是导致这个问题出现的主要原因；或者，你觉得自己一直做得很好，却开始接到一些艰巨的新任务，受到负面的评价。所有这些都意味着你还有很多东西要学习，你还有成长的空间，还有很长的路要走。

如果你还没碰到上述情况，但你渴望承担更大的责任，拥有更大的影响力，那么这些在未来必然会发生。

为何做一名管理者这么难

为什么大多数晋升到管理职位的人会有那么多意外的困扰？为什么他们会遭受到如此多的期待和希望的破灭？如果事先就能认清和理解将要面对的挑战，管理者将会进步得更快、更容易一些。根据大量的管理研究成果，以及我们的观察与经验，这个问题的答案有两个部分。

管理工作大不一样

首先,管理工作和你先前所做过的事情完全不同。成为称职的管理者之所以困难,是因为管理工作和独立作业之间存在巨大的差别。

许多管理者起初都认为,管理别人就是管理自己的延伸。他们认为自己还是做过去做过的事情,只不过对自己和别人的工作拥有了更大的控制权。但很快他们就会发现,自己竟然跳进了完全陌生的领域,而其中所有的一切都和自己过去的经验完全不同。时间及痛苦的经历会让你明白,管理职责不是自我管理的扩展,它们根本是两码事。

成为管理者需要学习和自我改变

其次,成为称职的管理者,你不仅需要学习新的知识和技能,还需要进行彻底的自我改变。管理者必须学会以不同的方式来看待自己和工作,他们必须发展出新的价值观及更敏锐的自我认知能力、提升情绪的成熟度和明智决策的能力。

例如,许多管理者都被控诉为"控制狂",因为他们不知道怎么样授权。控制的欲望常常不是问题所在,真正的问题出在没弄清楚自己的角色。他们还没有改变怎么样看待自己,看待自己的贡献,以及作为管理者的价值问题。他们拒绝放弃"实干家"的角色,因为他们依然认为自己的责任是"做事"。在潜意识里,他们相信那是他们本来的样子,他们还没学会将自己看作"管理者"。

事实上,成为管理者所需的自我学习与改变,无异于人生角色的转型。这是一种真实的改变,不亚于离开家庭独立生活、完成学业、开始职场生涯、结婚或升级做父母。和这些重大的人生转折一样,要成为称职的管理者,你也必须发展出崭新的思维和行为模式,以及全然不同的自我认知;你必须获得新的成就感来源,放弃原有的角色及自我认知。你必须重新思考:我到底是谁?我想做什么?我能创造什么价值?

成为管理者是一趟旅程

转型不可能一夜之间完成，它需要花很多时间与精力，因此我们可以将它想象成一趟旅程。这些改变极为深刻，我们可能得花几年的时间，才能让它们在我们心中扎根。这些改变无法通过传授来实现，和每位担任管理者的人一样，你必须基于自己所处的情境与经验，不断实践和修炼。你必须在旅程中不断向前推进，一步一步地学习与改变。

你现在处于管理者旅程中的什么阶段？要成为真正称职的管理者，你还有多少路要走？

不幸的是，虽然大多数管理者一开始都力求进步，但是有许多人没能完成他们的旅程，因为他们未能继续学习探索所需的知识、技能、价值观、视野自我认知、判断力以及情绪能力，而在中途止步不前。

大多数的新晋管理者都会因为刚就任新职，自觉不足而求知若渴，虚心改变，但在慢慢熟悉管理者的工作之后，他们又常常变得骄傲自满。每个组织都有其规章制度和行事法则，如"不准加班""论资排辈"和"避免冲突"等，这些规范是大家的生存之道，新晋升的管理者也会在熟悉之后开始奉行。他们不再积极处理工作不力的下属，而是等到年底，在填写绩效评估表的过程中，与当事人就评估内容讨价还价来应付问题，他们只求工作绩效能够符合年度目标的要求。他们不再思考自己可能创造的最佳表现，转而开始注意公司的最低标准。他们会选用那些能力上过得去，能和谐相处的人员。

当他们不再觉得管理是一件新鲜、陌生的事时，就会停止进步；当他们不再担心自己会出什么差错时，就会随遇而安。他们开始从最糟糕的角度理解管理工作，让管理变得面目全非。这就是为什么很多人拥有多年的管理经验，但未必是一个高效管理者的原因。

即使经验丰富的管理者，大多也难逃这种下场。或许你就曾碰到过超级无能的管理者，让你深深怀疑，这些人怎么会被擢升或保住管理者的位置？

面对如此多的困难和挑战，又需要付出如此多的努力，有那么多管理者在半途止步就不足为奇了。和任何重要的专业技能一样，要成为真正的管理高手绝非一蹴而就，你必须不懈努力、持续成长。我们见到许多优秀的管理者，他们已经拥有了丰富的管理经验，但依然认为自己需要学习。大多数组织既没能为没有经验的经理在一开始提供足够的帮助，也很少能帮助有经验的管理者直面自己存在的缺点。

你曾经是明星员工吗

如果你在成为管理者之前是表现杰出的明星员工，你可能会觉得自己的管理者之旅尤为艰难。明星员工特别不愿意改变、放弃原有的工作模式及习惯，因为那正是他们成功的原因。他们不知道怎样为别人提供协助或辅导，因为他们过去就很少需要别人的协助或指导；他们不知道怎样面对那些缺乏成长动力的人；他们也不知道怎样从过去的经验中反思和学习，因为他们缺乏失败的教训。如果你曾经是明星员工，那就要当心了：让你成功晋升为管理者的工作模式，未来反而可能成为你在管理者之路上的绊脚石。

不管过去是不是明星员工，大多数管理者之所以停滞不前，并非出于有意识的选择，他们只是不知道要怎样才能继续进步。他们往往忽视了管理角色中什么是真正重要的，又不愿意经历常常伴随着痛苦的改变。他们仅仅相信自己已经在管理者的路上前进得够远了。

这样我们就能理解，为何丹尼尔·戈尔曼的畅销书《情商》以及许多其他研究都一再显示，大多数管理者在自我评估时，都认为自己的表现"高于平均水平"。这显然是不可能的。另外，在360度评估中，许多管理者的自我评价都远高于下属给他们的分数。

这些问题对企业及个人带来的伤害不言而喻。拙劣的管理将直接影响企业的表现，降低竞争力，令企业无法满足顾客需求，也无法快速变革以应付快速变化的世界。它也让管理者的影响力受限、生涯发展受阻、梦想无法实现。

与你一起完成管理者之旅

《上任第一年 2》是写给迈上管理者之旅或已经在路上但觉得还要更上一层楼的人。如果你愿意挑战自我、不断进步，本书将能提供有力的帮助。不论你处于哪个层级，《上任第一年 2》都能提供你成为杰出管理者必备的知识。

《上任第一年 2》将帮助你了解管理者旅程的本质，以及这一路上你将碰到的挑战。要有所进步，你就必须先对管理有所认知，并了解管理为何如此困难。如果做不到这一点，你很有可能会放弃，因为你会认为自己是单枪匹马，遇到的问题是独一无二的。《上任第一年 2》将帮助你了解这趟旅程的意义。怎样才算真正称职、高效能的管理者？高效能的管理者都会做些什么，怎么做？怎样才算是掌握了管理的精髓，成了卓有成效的管理者？许多管理者之所以半途而废，常常是因为他们并不知道自己还得走多久。

《上任第一年 2》将帮助你了解自己目前处于什么阶段，还得走多久，这些非常重要。如果不能时时评估自己的状况，了解自己的优势以及不足，你就无法取得进步。

那么，为何你必须不断努力取得进步呢？有两个重要的原因：

第一，那些依靠你的人需要你不断进步。从长期来看，你的管理能力将决定下属的表现，你就是决定团队业绩的首要因素。

第二，若不能持续进步，你将无法实现自己的梦想。想想你身边曾经出现多少大有潜力但后来止步不前的人。《上任第一年2》所涵盖的内容可以为你的管理工作提供指导，从而使你成为资深的管理者。高级管理者面临更多的挑战，但即便如此，他们的工作依然根植于本书所讨论的内容。

当不断进步时，你会渐渐产生自信。你也会初尝帮助别人、让别人变得更成功所带来的兴奋及喜悦。正如琳达采访的一位管理者所说："发现自己能够影响别人真是一件令人陶醉的事，这种感觉真好。"而且，你将会发现自己新的一面、新的才华、新的快乐源泉，以及一种更丰盛的工作和生活。

你现在正处于管理者旅程的什么阶段？你的表现符合自己或组织的期待吗？要掌握优秀管理者的基本要素，你还有多少路要走？

只要有决心、有勇气坚持下去，不断进步，你将能够领导任何规模的组织，而你的成就也将不可限量。

第 1 章
资深管理者的三大要务

认识你的旅程

上午 7:52。彼得森开始听电话留言。第一条是昨晚 9:25，来电的是一所重点大学的计算机专家施密特博士，他也是新星计划的编辑顾问。施密特语速很快，提出了一大串他在新星计划的开山之作"程序设计导论"中发现的错误。第二条留言来自巴里·赫尔特格兰德。赫尔特格兰德是新星计划的财务分析师，基本上是彼得森的下属。他提醒彼得森，今天是提出下一年度财务预算的最后一天，还有不到 4 个月，下个财年就将开始。

彼得森心中又是一阵焦虑。他知道交出预算数字的日子近了，但他完全忘了截止日期竟然就是今天。他赶紧把这件事写进今天的工作清单中。

上午 7:58。彼得森写了一封电子邮件给资深编辑萨曼特拉·塔塔，告诉他赶紧回电施密特博士。同时提醒他，这已是施密特两天来的第二通电话了。

上午8:00。彼得森收到了雅克·拉文杰的电话，他是国际技术教育基金会（IFTE）的资深管理者，也是彼得森的联系人。前面整个星期拉文杰都不在办公室。他和彼得森约好星期一在巴黎国际技术教育基金会总部见面。他打电话来问彼得森是不是出了什么问题，因为他也和彼得森一样，一早刚进办公室就听到了来自施密特博士的留言。彼得森告诉拉文杰，他今天会和施密特联络。"一定要联系，"拉文杰说，"我们不希望'新星计划'再出什么问题了。无论怎么样，我很期待下星期一的见面。"

彼得森又将施密特和IFTE加入日程表。IFTE是"新星计划"很关键的战略伙伴，它由全球主要经济体所成立的慈善基金和急需当地技术人才的跨国公司共同出资成立。IFTE的策略是启动市场中那些目前看起来还缺乏吸引力的商业机会。对彼得森而言，IFTE最重要的角色及作用，就是协助"新星计划"项目与IFTE网络中的2000多家发展中国家的教育机构建立起伙伴关系。

上午8:05。彼得森的手机震动了一下。"新星计划"的营销经理拉娜芭·苏尔发来短信。苏尔来自尼日利亚，毕业于伦敦经济学院，她在雷诺的媒体及营销部门工作了8年，最近刚刚当了母亲，享受弹性工作制。她在短信里说："我们希望能在国际业务大会中，为负责销售'程序设计导论'课程的业务人员安排介绍会，但业务部门的人回答议程已经安排满了。此事非常重要，请与杰克·卡维特先生商量。"

彼得森叹了口气，这可不是好消息。卡维特是主掌国际业务的副总裁，他手下的业务人员负责向北美地区以外的学校老师销售雷诺的教材。每位发行人的命脉都掌握在这些业务人员手中，国际业务大会就是向这些业务人员介绍公司新课程的最重要的场合，每位发行人都拼命地想挤进业务大会的议程。其他团队显然已经说服卡维特——他们的产品比"新星计划"重要。

上午8:09。彼得森查了卡维特的在线日历，发现他今天一整天都没空，而且下周又要出差。彼得森忧心忡忡地打电话给卡维特的助理，没人接，于是他留了言，请求尽快回电。

上午8:12。彼得森在助理吉姆·杨的桌上留了张字条，请他收一下自己在这周早些时候交代同事做的分析报告。

上午8:16。彼得森瞥了一眼电脑，看到萨曼特拉转发的他和卡西·吴之间的一封邮件。卡西·吴是纽约总部的助理编辑，兼职参与"新星计划"。根据彼得森到目前为止的理解，她的任务是发掘一些可能纳入"新星计划"的新课程。萨曼特拉认为吴应该归他管，但她本人却坚持自己直属于"新星计划"的负责人。萨曼特拉在给彼得森的邮件结尾写道："我们必须尽快就这一问题进行正式的讨论。敬请拨冗回复。"

上午8:19。彼得森将这件事列入自己工作清单中的"杂务"之下，这个项目中还包括一堆有关薪资、绩效评估、晋升、工作关系、家庭问题，以及谁可以获得靠窗的那个小隔间之类的事情。彼得森决定要等到对每位员工有了更多了解之后，再来处理这些事情。他还没真正搞清楚谁比较值得信任、哪些人比较优秀、哪些人可能有问题。

上午8:23。彼得森再度打电话给卡维特的助理。她刚回到座位，彼得森向她说明为何必须立即与卡维特通话："'新星计划'需要四个销售人员全职工作3个月。他们将和IFTE的人一起工作,把'新星计划'项目的新课程推广到IFTE网络中的学校。我们需要在销售会议上举行一个介绍会,但是到目前为止还没有安排一个销售人员,而且介绍会也没有安排。"

卡维特的助理答应一定会尽快向她的老板报告并回复彼得森。

挂断电话时,彼得森知道,如果这个新的计算机课程真的挤不进国际业务大会的议程,而相关业务人员也无法按照既定计划展开销售行动,"新星计划"下一年度所有的财务预测都将受到影响。他也知道,如果"新星计划"出了问题,他的职位、在雷诺的前途,都会有麻烦。

前言中我们说过,成为管理者就像踏上一趟艰难的自我改造与转型的旅程,你必须花很长的时间,不断地从经验中学习。不幸的是,多数管理者都未能顺利走完这趟旅程。

为何成为管理者如此之难?

什么是管理,为何如此困难

造成困难的不是管理的理念。

管理就是为团队的表现负起责任。管理的概念非常简单,你所管理的人负责做事,而你则为他们的表现负责。既然如此,为何做起来会那么困难?

要负起管理的责任,你必须拥有影响别人的能力。也就是说,你不但要影响他们所做的事情,而且还要能够影响他们行为背后的思维和感受。"怎么样施加影响",以及"管理者必须做哪些事情,才能影响甚至改变别人的行为、思维和感受",就是本书所要讨论的核心议题。

通过对现实工作中管理者行为的观察,可以为这些问题提供线索,但不是清晰的答案。我们发现,管理者的时间几乎都花在一些层出不穷的小事上,这些事情大多与人际互动有关,而且多半都是突发事件,面对各种各样的人,话题也具有随机性。这些工作约有一半能在几分钟内解决,只有极少数的事情需要花一个小时以上的时间处理。

即使身处组织的高层,比如负责业务单元的总经理,通常也得花70%～90%的时间在人际互动上,包括面对面交流、通电话、视频会议、电子邮件或其他更复杂的社交网络工具。不论形式怎么样,他们的互动大多都是被动的,许多事情都是半路杀出的程咬金。即使是简短的互动,也会涵盖许多广泛的主题,包括工作及和工作无关的事。与工作相关的主题大多很琐碎,他们独立工作的时间多半在家中、车上或旅途中。

他们很少在人际互动过程中做出重大决策,但他们确实花很多时间去影响别人,不过多数是通过请求、玩笑、引诱、激将法、说服或半强迫的方式,除了直接下命令外,几乎所有方法都会用上。基本上,他们很少直接命令别人做事。

由于他们所做的大部分事情都是零散的、变幻莫测的,所以他们每天真正做的事情通常不是出于原来的计划。正如一位管理者所说:"每天我都带着预先计划的事情来上班,但每到下班的时候我都很懊悔,因为我一整天所做的事情通常都与计划的内容没有关系。"

许多管理者认为问题是出在自己专业、经验或能力上的不足,尤其是时间管理的能力。其实,问题的大部分是由于管理工作的本质导致。不论哪个层级,管理工作的本质就是高压、时间有限、零碎而又忙乱。一位研究人员曾无奈地总结:"管理者的工作就是处理完一件烦人的事之后,再面对下一件!"

管理之难,源于悖论的本质

许多研究都指出,管理工作之所以如此琐碎、繁忙而且肤浅,是因为它原本就包含了太多的悖论。

悖论包含了矛盾。例如,管理者越是关注工作目标,越需要关注做工作的人。明白了这一点,你可以找到矛盾的平衡点(聚焦于工作与聚焦于人),或者找到把矛盾统一起来的方法(通过正确的人来完成工作)。

我们将在本章提出管理工作中比较根本、难以处理的悖论。至于其他的悖论,将会在接下来的章节中提出。

悖论1:你必须为别人所做的事负责

工作业绩是管理者存亡之所系,但它指的确是团队的工作表现,这就是你必须负责的事情。当你的老板发现某项工作出了问题,他不会把你的团队叫过去,只会把你找去——只有你一个人坐在火山口。你必须为此负责,而不是其他人。虽然真正做事的人并不是你,也不该是你。

为别人的工作负责说来简单,但我们常常未能真正理解其中隐含的困难。新晋升的管理者往往觉得这个很简单,自己很清楚要做什么,员工会准确地按照自己交代的去做。事实上,为别人做的事情负责是一个非常困难的承诺。想要成功,你必须通过别人来完成工作,你必须接纳他们,一起完成任务,而不是简单地直接发出指令。对于喜欢亲力亲为、享受个人工作成果的人来说,这真不容易。

悖论2:越关注目标,越需要关注具体做事的人

管理者必须为工作负起责任,但要做到这件事,他们必须影响做

这些工作的人。正如彼得·德鲁克（Peter Drucker）所说，当你雇用一双手工作时，还附带了一个脑袋和一颗心。你必须付出很多注意力在"人"，包括脑袋和心，因为你需要的远不止员工的时间。现在多数工作都需要知识、思考和判断，因此员工是否真的关心、在意自己所做的工作，就变得非常重要。你不能简单地给他们下命令，然后等着评估工作成果。你需要运用一些迂回但却更有效的影响方式，如支持、鼓励、协助他们进步等。

悖论3：你要身兼教练与裁判两个角色

培养下属的能力，在员工不能胜任时劝其离开，都是管理者应尽的职责。逻辑上来说，要培养下属的能力就得进行评估，但是当某些下属的表现无法符合团队的要求而必须走人时，管理者就必须放弃培养个别员工的职责，而要以团队利益为重。

如果是你，必须做出棘手的选择时，你会怎么样决定呢？你怎么可能在投入那么多心血之后，又决定放弃他呢？你怎么样判断下属到底是需要更多的培训，还是应该被放弃？怎么样找到培养下属与要求表现之间的最佳平衡点？这不仅是逻辑上，更是心理层面的挑战悖论，因此会让管理工作更加困难。扮演教练与裁判的双重角色，常常为管理者带来情感及管理上最严酷的挑战。最终，你会痛苦到想要放弃其中一个角色。

悖论4：你必须从打造团队入手，但又不能忽视个人

许多管理者认为，"团队"就是自己手下的那群人的代名词。管理的成功与否，恰恰在于管理者能否将"一群人"变成真正的"团队"——为了追求共同的目标而团结拼搏的一群人。每个团队都是一个群体，但不是每个群体都能称为团队。"团队"会产生一种强烈的"我们"的感觉，每位成员也都相信，不论成败，"我们"休戚与共。

团队也需要多样性，成员必须具备不同的能力、经验、思维方式，尤其是创新型团队。你将不断在"凝聚力"与"多样性"的双重需求中挣扎，力求达到最佳平衡。

悖论 5：要管理好团队，你必须先管理好团队之外的环境

你或许只想管好自己的团队，然而许多研究指出，任何团队都无法脱离更大的组织背景，而且与其他团队之间是相互依存的关系。由于组织资源有限，每个团队的任务又不一样，因此每个团队的目标、优先级、需求及利益也大不相同。如要成功，你必须在兼顾别人的需求及利益下管理自己的团队。

为了达成自己的团队目标，有时你还必须努力去影响甚至挑战组织中的其他个人或团队，包括你的上司、其他高层管理者、同事，以及组织外部的利益相关者。太多的管理者狭隘地视自己为组织的"囚徒"，以为只能屈从上级，别无选择。为达成任务，有时你得成为变革的动力，包括团队内及团队外的变革。你必须为自己的成功创造必要的环境。

悖论 6：你必须着眼于今天，又要放眼未来

你今天当然必须拿出工作成果，若非今天就为明天做准备，当明天变成今天时，你又会面临出不了业绩的窘境。着眼今天与放眼明天之间当然必须有所取舍，因为资源有限，你很难两者同时兼顾。哪一个应该优先呢？

悖论 7：完成任务的同时，你还必须努力创新

要成功，所有的团队都必须同时完成执行任务与前瞻创新的任务。然而，创新变革与稳定执行任务所需的能力与心态却完全不同，优秀的管理者必须同时身兼变革的动力与稳定的执行者，并随时判断

何者为先。

当今许多管理理论倾向于区分"管理"与"领导",认为管理主要的责任是确保在预定的时间和预算内,达成预定的目标,也就是稳定执行任务;而"领导"则强调变革及创新。多年之前,广义的"管理"包含了"领导",本书决定回到广义的定义上来。领导和管理不仅同等重要,而且必须相辅相成。我们决定将"管理"定义为用来影响别人,使其更有效地工作的努力,其中就包括执行与创新、稳定与变革、管理与领导。

悖论8:有时你必须牺牲某些人来成就更大的利益

随着影响力及权威的提升,伤害某些人或团体的利益来成就更大利益的情形会随之增加。例如,当你必须削减开支、裁员,或者从三位候选人中挑选一位晋升。你无意造成伤害,但对于那些受到影响的人,伤害是真实而痛苦的。

身为管理者,你无法不做出影响某些人工作或生活的决定。它们作为管理者的"负担",却时时出现。真正困难的是,你必须着眼全局、判断得失,做出清楚而明确的抉择。一位新任经理管理者说:"没有任何事是黑白分明的,一切都在灰色地带,我必须做的就是权衡轻重,做出取舍。"

如果你没有把这样的困境看作工作的一部分,你就有可能把它们看作例外,当成不值得你真正关注的烦心事。但它们不是例外,它们存在于作为管理者的你的工作当中。

既然无法逃避道德困境,你就必须为它们引发的个人痛苦做好心理准备。你不是有意伤害别人,要面对这种难题,你必须拥有成熟的心智以及一套通过经验慢慢形成的价值观,这也是为什么做管理者必然是漫长而困难的旅程。

管理的悖论定义了管理的本质

请牢牢记住这些悖论。身为管理者,你在每天几乎每项工作中都会碰到悖论。

悖论永远不可能真正或完全被解决。管理工作必然伴随某种程度的琐碎感、冲突、紧张、不稳定以及混乱。只有忽视这些悖论的人才会觉得,"好的管理"必然可以创造出完全平和、充满合作气氛的工作环境,或是打造出一台永远平稳运转的机器。

"正确"的管理永远都是在抉择。要大胆还是有耐心?直接还是迂回?要耐心培育下属,还是强烈要求其表现?这些以及其他千百种选择,都取决于当时的环境、条件以及目标。你不仅要知道应该做什么,还要考虑怎么做,纯熟、老练需要判断力。

管理是如此之难。即使最成功的管理者都有过劳、冲突、难以取舍、孤立无援的感觉。这些悖论总是无情地出现,一天接着一天,你则必须视当下的环境和条件而随时调整,让悖论尽量保持在平衡状态。

悖论解释了世界需要管理的原因。没有管理,这些悖论终将摧毁团队的工作能力与效率,让组织失灵、团队分崩离析。

每位管理者都必须亲自经历漫长而艰难的旅程。你需要足够的时间和体验,才能有效地面对所有互相冲突的力量、利益和需求,而这正是管理的关键。

这些悖论也说明了为什么管理者需要强烈的自我认知。当你每次碰到悖论的时候,你就会以某种反应来表达自己的个性倾向。例如,你可能比较注重团队中的个人而非团队整体,你可能比较重视工作而非做事的人,或者是正好相反的情形。针对每种悖论,你都会产生某种系统反应(default responses)。所有这些系统反应或倾向加在一起,就形成了你的风格,也就是你的管理模式。

你的管理模式是什么？如果你不了解自己的反应模式，就会无意识地根据模式来行事，而非根据当下情境做出最佳抉择与判断。

你的领导风格是什么

请填写以下量表，找到自己的领导风格。

你较喜欢参与式管理，还是倾向于直接下指令？

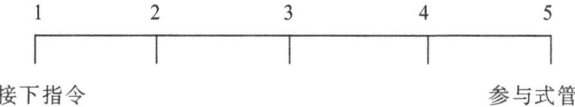

你关注工作本身，还是执行工作的人？换句话说，你喜欢评估、批判，还是更喜欢为别人提供完成工作所需的支持与协助？

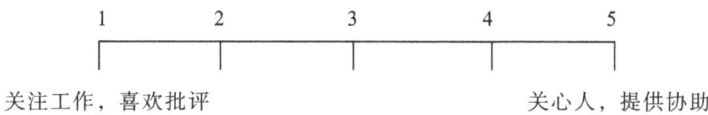

你注重评估下属的工作表现，还是培养下属的能力？也就是说，你重视他们的表现，还是他们的学习？

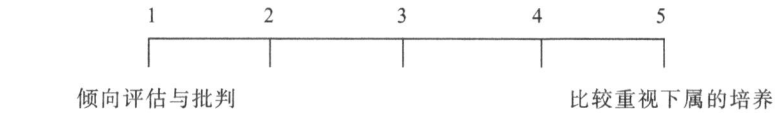

你关注整个团队，还是更关注团队中的个人？

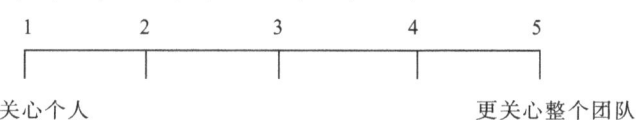

你关注自己的团队，还是团队所处的大环境？

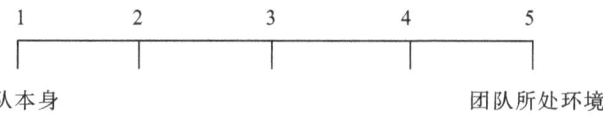

你关注眼前的挑战，还是更喜欢处理和未来发展有关的事？

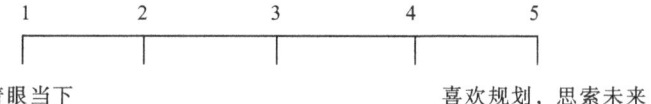

你较喜欢执行的工作，按部就班地完成任务，还是开创新事物及新的工作方式？

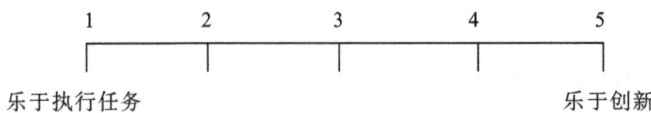

乐于执行任务　　　　　　　　　　　　　　乐于创新

你不希望做出任何可能伤害别人或其他团队的事情，还是可以忍受为了大局而让某些人受到一些伤害？

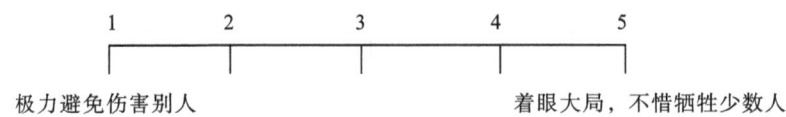

极力避免伤害别人　　　　　　　　　着眼大局，不惜牺牲少数人

这些问题并没有放之四海皆准的"正确"答案，每次的选择都取决于具体的情境，但你必须知道自己的倾向，也就是不经思考的自动反应。这些倾向来自你的个性、价值观，以及过去的工作经验。因此，正如你会发现的，它们不容易改变。我们的目标是帮助你通过了解自己的倾向，时时提高警觉来有效管理。

接下来的阅读，请随时记得自己的倾向及领导风格，你所做的每件事及选择都深受它们的影响。

变化的工作环境和同事

除了面对棘手的悖论，你所处的工作环境和面对的人也随时在改变，这会大大增加管理的难度。你的管理责任、层级、人数将不断增加，你必须对更多变化做出响应，同时还得面对不断上升的多样性问题。

全球化及科技进步使得各种竞争变得越来越激烈，也迫使组织必须更灵活、反应更敏捷。组织已经变得更加扁平化，涵盖的地域更广阔，文化更多元，架构也更加复杂多变。

汇报关系变动频繁，许多组织现在更加依赖临时性的工作组合，跨部门、地区、层级的各种团队、任务小组、委员会和咨询小组等，这些变化及复杂性让很多公司放弃用简单的线条和盒状图来说明组织架构。

不仅组织随时变动，组织里的工作人员也在变化。不同代际的人——现在至少有四代，带来了非常多样化的期待、动机和价值观，以及对权威及组织的反应。想象一下，管理一个年纪为20～65岁的工作团队时的挑战吧，这样的成员组合还比较普遍。

不仅如此，随着组织的全球化，组织成员开始遍布五湖四海，包含多种文化。尽管人们穿着、说话、社交的方式等变得逐渐相似，但这些表面的相似性常常掩盖了对关键性工作事项（如时间、最后期限、层级、权威，如何管理冲突甚至怎么样沟通）的态度的根本区别。

更困难的是，这些背景各异的团队成员分布在世界各地，因此成员之间的关系必须靠科技而非面对面的接触来创造及维系。

更具弹性、更动态的"流体型组织"（fluid organizations）为管理带来了既明显又微妙的挑战。管理一个跨专业、跨文化、跨世代，分布在五大洋、三大洲，成员程度与经验各不相同的30人的团队，可能会是新手管理者的第一份差事。

现在的工作契约越来越短暂、交易性质越来越明显。大家不再期待建立长期的工作关系，而倾向于付费工作，只要有人认为条件不合理，就可以终止合作关系。这类工作正不断增加。除了过去最主要的全职、长期雇用关系外，兼职、合工制（job-sharing，又称"职务分担"等）、个人承揽（free-lance）、外部顾问或外包（independent consultant/contractor）等类型的员工比例迅速增加。

不同的心理契约为管理者带来了新的挑战。你怎样管理一群背景多元、流动性高，而且对公司长期发展没有多少向心力的员工？你怎样建立起大家对工作真正的认同感？他们为什么要关心公司的发展？好的工作成果需要员工的全心投入，但什么事情可以让这些人愿意这么做？这责任现在大部分落在你的肩上，对那些向你负责的人而言，你就等于"公司"。今天，"找工作时是挑公司，离职时是挑上司"这句老话，或许越来越有道理了。

对你和组织来说，这都是迫在眉睫的问题。发达国家的劳动力因低出生率、人口老化以及其他因素而大幅减少。发展中国家不断提升的教育及就业机会，使劳动力的理想及期待越来越高。只有组织愿意全力支持的好上司才可能留住好人才。

在这样的现实世界中，你怎么样管理

所有的变化都使管理的工作更加多变、混乱、零碎，很多管理者完全搞不清楚方向，只能凭本能应付纷至沓来的各种问题。

优秀的管理者可以做得更好，而不只是疲于应付，他们会运用眼前的混乱来完成自己的管理工作。解决问题时，他们紧抓方向，一心朝着想要创造的未来挣扎迈进，而非应付眼下的问题。需要任何信息时，他们会利用与人沟通的机会来问关键问题。例如，在解决单一问题而举行的10分钟会议上，优秀的管理者会善于利用机会，通过主动提问而使它涵盖四五个主题。简而言之，高效能的管理者可以在任何事情中找到进步的机会与动力。

管理者的三大要务

要运用这套方法，你必须先对问题有清楚的认知：哪些事情最关键，你和团队未来想达成的目标、优先级以及方法等。要达到此目的，你必须有一套思考自身工作的方式，思考该做些什么才能影响别人使其更有生产力，达到你所要的成果。

下面我们提出的管理模式有两个坚实的基础：一是扎根于现实的

研究，那些优秀的管理者在每天的工作中都做了些什么；二是我们对管理者通常会在哪些地方有误解。

我们把这套方法称为优秀管理者的三大要务：自我管理、人脉管理、团队管理。我们相信，它可以用来指导工作的每个方面。做好每个方面对你的成功都至关重要，因为它们包含了优秀管理者必须做的用来影响他人的关键活动。掌控它们是你职业生涯的目标之一。

自我管理

许多管理者，无论是新手还是富有经验的主管，认为管理团队涵盖了他们所有的工作。有效的管理必须从管理者个人开始。自我管理是你就自己及自身的角色思考，身为管理者该怎样与人相处，怎样影响他人。

人脉管理

许多管理者非常鄙视甚至极力逃避组织中的政治运作，但也有一些人特别热衷于内部竞争，几乎要把赢得内部竞争视为最重要的工作，同时是满足感的最大来源。这两种管理者显然都未能了解"有效进行政治运作，但不同流合污或沉迷其中"的重要性。你必须成为会结网的蜘蛛，知道怎么样积极建立自己的人际网络并悠游其中，而非被蜘蛛网缠住的苍蝇。

团队管理

有效管理归你负责的团队成员的表现，掌握管理"一群人"和"一个团队"的区别。团队管理的目标是要建立起能够产生高绩效的团队，团队的成果要大于成员工作的总和。

这三大要务总结了你践行管理者的责任所必须采取的行动的本质。它们是你影响下属甚至非直属同事的最重要的杠杆，也是你管所有悖论所需的工具，足以帮助你应付当前工作环境、合作伙伴的各种变化。

最重要的是，这三大要务让你认识自己的旅程，为你理清旅程的目的——借由精通这些方法而成为高效能的管理者。精通并非完美，而是能在这三方面保持高水平的表现。每项要务不仅让我们知道怎么样才能有效管理，同时也反映出，如果要使表现、思考、感觉像个管理者，你必须进行哪些改变，每项要务都是你成功转型的关键元素。

本书的其余部分都是围绕着这三大要务来组织的：

第一部分：自我管理。着眼于你和下属之间的关系，这是你怎样影响他人的基础	
第 2 章	正式职权的局限
第 3 章	友谊关系的陷阱
第 4 章	信任是影响力真正的源泉
第二部分：人脉管理。正视组织生活的政治现实，基于正直和建设性的目的来实施影响	
第 5 章	强调了你带着深思熟虑，和群体网络、与你一起工作的人以及帮助你的人一起创造和维持的关键需求
第 6 章	详细描述了怎么建立这样的网络
第 7 章	检查了你和上司的关键关系
第三部分：团队管理。聚焦于需要怎么做才能打造一个高效的团队	
第 8 章	怎么通过目标和计划来引导团队
第 9 章	描述了团队文化和怎样形成明确的规则、价值观，以及生产性团队工作的标准
第 10 章	解释了怎样与团队成员一起工作，怎样管理团队成员的个体绩效
第 11 章	揭示了基本操作模式——预办审查，你作为老板所有行为的核心，以及它怎样帮助你使用每个管理活动，包括问题和不可预期的事件，以进行你的管理日程

最后，第 12 章将帮助你针对三大要务来做自我评估，并确定你的长处，以及在你的职业旅程中你在哪里需要更多的进步。第 12 章也提供了有关从你的日常经验中学习的有益建议。

当你通读本书的时候，你会发现一个贯穿全书的主题：自我评价的关键作用。在基于理论研究和实践总结之外，我们还提供了引导你进行自我评估的工具。自始至终，你将被鼓励根据每个要务来评估自己。

如果你是一位卓有成效的资深管理者，你肯定会对书中的素材和问题非常熟悉。即便如此，按照书中的建议进行自我评估仍然很有价值，因为在我们所知和所做之间经常存在差距。当然，你可以根据自己的职位特点，重点对某方面进行评估和审视。

无论你是经验丰富的资深管理者还是管理新手，都要仔细地评估自己。你的成功将依赖于你取得进步的能力，而进步又取决于对你目前的强项和弱项的清楚认识。一次又一次，我们发现在各个层面表现不佳的管理者，以及职业生涯止步不前者，均因为他们没有掌握这些要务。

经由阅读本书，我们希望你能对自己的管理者角色认识更深刻，不断自我提升产生更强烈的使命感；如果你希望承担更多责任，拥有更大的影响力，在管理者的旅程中不断追求进步能让你实现理想。只要有决心，你的前途无可限量，这个旅程也将引领你抵达未曾想象的境界。

1

BEING THE BOSS

第一篇
自 我 管 理

    优秀的管理者，首先是能够管理好自己，因为你的所思所想以及你的信仰和价值观念将驱使你的行动，从而影响你必须影响的人。

    每天，人们会通过你的每句话、每个行为，来发现你的意图和动机，他们想知道是否能够相信你。他们工作的努力程度、个人承诺的水平、接受你影响的意愿，很大程度上取决于他们在你身上看到的能力和个性。他们的感知将决定每个经理必问的基本问题的答案：我是那个能影响其他人来产生我们需要的结果的人吗？

    当你阅读本篇时，希望你仔细考虑书中提出的那些问题，用它们来反省自己的实践和你影响员工、同事以及上司的能力。

    让我们以此为起点，开始管理者之旅。

第 2 章
仅靠职权是远远不够的

不要依赖头衔带给你的职权

上午 8:31。新星计划的助理吉姆·杨手上拿着彼得森留在他桌上的纸条走进了彼得森的办公室。

"请问这是怎么回事？"吉姆问道。

"上个星期二，我请布拉德肖、塔塔、吴和赫尔特格兰德在今天下班前交出工作报告。我也把邮件副本抄送给你了，请你整理好他们的报告然后交给我。"

"我想起来了，"吉姆说，"但是没有人发过报告。"

"他们有跟你联系说报告会迟交吗？"

"没有。"看到彼得森的脸色，吉姆说，"以前弗兰克对这些事的要求没那么严格，他不信任报告、会议。"弗兰克·里格比是新星计划的前任主管。

"显然不应该这样。"彼得森深吸一口气，努力压抑心中的怒火。

"请跟他们联络，提醒他们，我说过这件事很重要。请他们说明报告何时能提交。另外，也帮我问一下，我请他们做的另外几件事进度怎么样了。塔塔应该要看一下我们和IFTE之间的协议书，我想知道，如果IFTE想退出新星计划，他们会有哪些做法。苏尔应该查一下和IFTE合作的学校中，有哪些不是雷诺现有的客户。赫尔特格兰德的电话我自己来打吧。还有，问问布拉德肖'E媒体'（eMedia）的事进展得怎么样了。"杰伊·布拉德肖是新星计划在线教材制作部门的主管，负责根据新星计划资深编辑塔塔所规划出来的课程表制作在线课程教材。E媒体是布拉德肖的外包制作公司，彼得森听说E媒体的进度好像有点问题。

上午8:35。彼得森在信箱中发现赫尔特格兰德刚刚寄来的报告，花了几分钟快速浏览之后，彼得森的心一沉，因为报告内容不符合他的要求。他要的是新星计划的敏感度分析，也就是万一新星计划课程推出时间有所耽搁或反应不如预期的话，明年的预算可能会出现什么变化。赫尔特格兰德只计算了需求不足所可能带来的影响，却完全没估算延后推出可能产生的后果。彼得森检查了自己先前寄给赫尔特格兰德的邮件，上面清楚地要求赫尔特格兰德必须同时估算两种情况下的后果。

上午8:43。彼得森打了个电话给赫尔特格兰德。"我需要知道如果'程序设计导论'课程延后推出会有什么影响。"

"我看那就只有上帝可以救我们了。"

"你什么时候可以给我完整的报告？"彼得森问，"没有相关的报告，我根本提不出预算草案。"

"我今天下班前给你。"

"这样我们就得等到星期一才能提出初步预算。"

"嗯……这样恐怕会让上面的人不太高兴,"赫尔特格兰德说,"要不先放上原来预估的数字?"

"我们已经知道那些数字会有问题了,我不打算随便放个数字,"彼得森说,"我喜欢实事求是。"

"小心,实事求是在这里可能会对自己不利哦!"赫尔特格兰德笑着说。

上午8:46。杨又走进彼得森的办公室。"你要的那些报告,现在的情况是塔塔只做了一半;布拉德肖今天中午就会和E媒体的人吃饭,到时候他会更清楚一点;我还没找到苏尔,她一定是正在来办公室的路上。"

一阵挫折感涌上心头。彼得森马上给所有人发了邮件,要求必须在下午4:00前交出报告和所有其他相关数据,而且"不得延误"。"我倒要看看他们敢不敢再违背这个命令。"他有点恼怒地想。

上午8:51。彼得森一回头,看到茱莉亚·摩根正站在他的桌子前面,她是塔塔的编辑助理。她说希望能和彼得森谈一分钟,随后激动地让彼得森务必将窗边的那个座位分配给她。她说自己有季节性情绪失调的毛病。到了冬天,除非能够拥有足够的阳光,否则她很容易发病。"我有医生证明,我不是随便乱说的。"彼得森回答说还没有决定,但一定会考虑她的情况。

上午8:50。杰克·卡维特的助理还没有回电。彼得森直接到卡维特的办公室去堵人,但他运气不佳。他请卡维特的助理帮忙看一下行程,发现完全挤不进去。

上午9:08。彼得森决定走着下楼,以排除一些焦躁的情绪。"这真的要变成严重的问题了,"他心想,"真是难以置信，新星计划和我在雷诺教育机构的前途，竟然要看这个人能不能安排 10 分钟给我，确保他照原来的承诺指派业务人员，并在业务大会里挤出时间给新星计划。"

许多管理者常会用"做这个、做那个"的态度来要求下属。他们未必真的那么有控制欲，只是以为运用权威就能有效影响别人、得到成果。

许多管理者希望在自己的组织中发挥影响力，在公司发展中扮演重要角色。当他们下达指令时，等于是在说："去做这件事，因为公司已经把责任交给了我，我可以做主，我就是老板！"

你喜欢采取什么样的管理方式？你是否也会依赖职位的权威，以获得你所需要的结果？你也是通过直接告诉别人该做什么来发挥影响力吗？你觉得应该这样做吗？

若是如此，你可能就和很多管理者一样，都误解了正式职权的本质与目的。不少人认为下命令就是管理者的核心工作，指挥别人是管理者的天职。有些人甚至认为，管理者的职位改变了他们的身份和地位。

误区 1：职权是影响别人最主要的工具

"我是老板！"以工作职权来定义管理，认为头衔可以赋予管理者强加于人的权力，是职场中很常见的错误。事实上，工作职权是一项有用却用处很有限的工具。

员工不想要完全以权力为基础的上下级关系

许多管理者根本不太注意"关系"这件事，尤其是成就动机超强并且过去是明星员工的管理者。许多研究指出，强烈的任务导向让他们将必须完成的任务和身为上司的权威视为核心，而忽略了团队工作中的人性需求。

问题是，员工不希望和你之间只有权威的关系。他们希望拥有一种个人的、人性的互动和情感的联系，他们希望你真心关怀、鼓励他们成长与发展。许多研究显示，与老板之间的人性化关系是决定下属工作敬业程度的关键因素。

我们认识一位小型企业的负责人，她从来不和下属谈论私事，也不主动了解下属的生活与兴趣。直到有一天，她的下属决定通过一个中间人让她知道，他们非常不喜欢她对待大家的方式，他们希望与她建立起真实的人性关系，即使她的身份是"老板"。

工作职权的影响力很有限

大多数的管理者很快就会沮丧地发现，工作上的职权并无法有效地影响别人，让自己获得想要的成果。

工作职权通常无法带来服从

或许你认为下属太固执甚至可能故意作对，但他们不服从你其实是有各种原因的：

根本不同意你的想法。 可能他们还有更好的方法，觉得可以按照自己的想法去做。

认为有更重要的其他事情。 尽管你设定了期限和优先级，但他们却自有主张。

不了解你想要什么。 指令说得再清楚、再具体也不够，大多数工作都需要判断和思考，所以想让指令明白到毫无误解的空间或涵盖所有的变数，几乎是不可能的。

发现情况有变化。 情境的改变会让指令无效，迫使他们必须有所变通。

不喜欢被别人颐指气使。 以专横的态度下达强硬的指令，只会让人心生反感，伺机反抗。有人曾经跟我们说："我'摆平'了我的老板，我完完全全按照他所说的去做。"有些人对颐指气使的态度特别敏感。

他们过去可能和权威人物有过痛苦的交往经历，对权威累积了足够的负面情绪，刚好发泄在你或你下的指令上。极端的情况下，一个简单的命令就足以让他们无比愤怒，顽强反抗。

对权威的感受与你完全不同。许多人进入职场时，可能原本就带着一些世代或文化上的独特心态，让他们对权威有所质疑或根本不信任，这会使他们不喜欢服从。他们并非冲着你而来，但你必须和他们一起解决想法上的分歧。由于企业及组织团队的多元性越来越明显，这些分歧、差别也将越来越常见。

最后，许多下属之所以不服从，常常是因为他们感到迷惑。日益复杂的工作环境、多变的组织架构，常常使一个人隶属于多个团队，有好几个上司，这也会使权力及指挥系统更加模糊，许多下属会因不同上司的要求及期待有矛盾而不知所措。同时，在成员遍及世界各地的虚拟团队中，距离也影响员工对工作职权的服从。当你楼上坐着一位上司时，你就很容易怠慢远在 3000 英里⊖之外的另一位老板。

所有这些因素都会让工作职权的影响力变得很不确定。

不能保证同事会全心投入

你要的绝不是单纯的服从，而是同事的全心投入，以及把事情做好的强烈愿望。你必须通过赢得他们的心，来赢得认同和全心付出。当你大量依赖工作所赋予的权威时，你基本上是通过"恐惧"来管理——害怕不服从所可能带来的后果。恐惧是一种功能有限、深具破坏性的方式，绝对无法激发出任何真正的认同和使命感。

未必能创造真正的改变

变革常会给当事人带来不确定感、损失或痛苦。然而，管理者却必须勇敢拥抱变革，成功实现变革。解铃当然需系铃人，真正的变革不仅包

⊖ 1 英里 = 1.609 千米。

括行为，还包括思维、心态及价值观，权威无法禁止这些改变的发生。

很难让下属贡献知识及见解

组织里的每个人都具有某种知识、技能或可以创造价值的新想法（如果他们不是这样，你有责任换掉他们）。要让每位同事充分发挥自己的价值，通过诉诸职权直接告诉下属怎么做，而不是邀请他们贡献所长的做法，效果肯定比不上开放式管理。

坚持"我是老板"，会让你有太沉重的负担。一家大型科技企业的领导者就曾提到她与HR部门经理的一次对话。她的公司正在推行一项计划，希望鼓励参与式决策，她却因产品开发速度太慢而备感挫折。"或许我们应该恢复过去的指挥系统。"她说。"如果你真想要这样，我当然可以帮你做到，"HR部门经理说，"但这里只有一个问题，你的决策最好每次都是正确的。"这位CEO笑着说："我永远忘不了他这句话。我当时就直接跟他说，这恐怕不太可能。"

没有人有足够的知识、经验和智慧来包办所有的决策。今天，组织的成功需要所有层级、所有同事的参与。威权管理色彩较淡的组织，反而较有机会运用所有员工的才华和经验。在所有文化环境中，即使是传统上非常重视层级的企业，几乎都在朝这个方向转变。

举例来说，印度一家大型IT企业推动了多项提升员工参与和鼓励创新的计划，这其中包括所有管理者都必须接受360度评估，就连公司CEO也不例外。这位CEO将自己的评估结果全部放到公司内网上，并鼓励其他人也这么做。在非常重视阶级与地位的印度，此举简直石破天惊，但也有力地推动了公司极力推动的开放政策。

误区2：通过工作职权界定你的角色

假设你正在社交场合与一位陌生朋友交谈，对方问你："请问您在哪里高就？"

你会回答"我是某某公司的管理人员"吗？

还是"我在某某公司负责……"

两者有着细微却非常重要的区别。

另外一个问题：请想象你和你团队的情况。你看到自己凌驾在他人之上，由上而下指挥大家，还是位于团队的中心点，连接着每个人？那些直接将管理者置于员工上方的组织结构图，显然鼓励了"高人一等"的威权心态。

这两个问题揭示了正式权威的黑暗面——拥有职权的人认为自己就代表了权力，管理者的职权改变了自己的身份。

你觉得自己代表权力吗？你认为成为管理者就让你和下属成了不同世界的人吗？一位资深管理者曾经说："有时候我几乎都忘了以前没成为管理者时的感觉。"

请自问："命令别人做事让我感到快乐吗？"这里的快乐并非指工作有成，而是看到别人服从自己时的满足感。行使权力就让你觉得很享受吗？承认这一点并不代表你是个自大狂。几乎每个人都喜欢拥有权力的滋味，我们的社会、媒体以及流行文化都告诉我们，权力的滋味很美好。我们会仔细审视环境，找出那些有权力的人，然后拿自己和他们比较，这也是我们的生存本能。所以，从个人的角度来思考做管理者这件事，其实是出自本能。

真正的问题是"程度"。你是否因工作职权带来的权力与地位而自我膨胀？你是否太过重视权力与地位了？对你而言，工作职权所带给你的地位是不是变成做管理者最重要的事？

"权力使人腐化。"许多研究都指出，经常行使工作职权会让人自我膨胀，同时贬低别人的价值。一位刚掌管团队的管理者如此形容："绩效评估的时间到了……那真是很特别的感觉……他们的工作、事业都掌握在你手中，他们真的会对你产生畏惧感。"

当别人服从你的权威时,你很可能以为他们服从的是你个人。一旦有了这种想法,你就会想行使更多权威,这会让你更加自我膨胀。难怪我们几乎每天都会听到一些位高权重的人,因自大而做出自以为是、愚蠢甚至非法的事情。你以为这种事只发生在别人身上吗?它会发生在任何人身上,包括你。

这种事情会悄无声息地发生。很多管理者刚开始时,都会花很多时间向别人解释,为什么他要别人做某些事情。当他们开始习惯于别人的服从,就不再解释而是直接发号施令了,甚至没有意识到自己的变化。

对职权的滥用可能有如下形式:惯于发号施令而不解释,热衷于获取别人的忠诚和赞美,把自己的观点强加给别人,表达不同意见时蛮横无理,看重头衔带来的各种好处,牺牲其他人来得到自己想要的。

这件事让我们警惕:不要让"我是老板"变成一种心态。以不尊重人的心态或是满足个人的需要而行使权威,很少会让人真正信服。

你是否放弃了管理者应尽的责任

有许多管理者处于另外的极端:害怕行使职权。

他们不习惯直接下命令或指引方向,即使碰到需要立即行动的危急时刻,他们仍然对发号施令犹豫不决。由于未能妥善运用职权,他们未能尽到身为管理者的责任。

不要从前面的内容得出错误的结论。身为管理者,你也不能忽略或完全不使用自己的职权。真正的问题不是权力的使用,而是权力的"误用"。请注意,不是什么事都不做才叫作失职,只尽到部分职责也叫失职。请看以下例子:

只是部分人的老板。你可能满足于管理自己团队中的部分成员,而非全部。或许你不习惯管理那些比你年长、经验比你丰富，或是在某些专业或知识上比你强的人，你还可能忽略那些你不喜欢的人。

官僚型管理者。你视自己为执行上面的政策、命令的人，在没有上司的命令或无法获得全员共识的情况下，你不喜欢做决定。

技术型管理者。你把组织看作完全理性甚至是机械的"系统"，你所面对的都是有"正确"解决方案的技术性问题。因此，你当然可以甚至应该忽略那些复杂的人性因素。

社交型管理者。你将管理者的责任视为替实际执行工作的人提供协调、支持、仲裁及咨询，你的主要职责是促进和谐，让所有事情顺利进行。你很少表达立场或做出困难的决定，你很少批评别人，也不允许发生冲突。你认为，任何纷争或不同意见都会影响工作绩效。

你在上面的描述中找到自己的影子了吗？行使职权会让你不舒服吗？我们已经对过多地依赖权威的危害发出警告，但在必要和适当的时候，没能使用权威也是管理的失败。

你喜欢影响别人吗

称职的管理者都希望自己能够影响别人，如果不喜此道，你的管理者之旅会走得很辛苦，因为管理的本质就是影响别人。

但是如果你追求影响力是因为你喜欢掌控别人，让别人对你唯命是从，这就大有问题。哈佛大学心理学家戴维·麦克利兰（David McClelland）与管理顾问戴维·伯纳姆（David Burnham）研究发现，高效能的管理者都有影响别人的强烈愿望，但不是为了满足个人的好处或虚荣心，而是为了达成整个团队的目标。

这个区别很关键。高效的管理者不是把职权看作个人优越感的源泉，相反是把它看成帮助其他人完成有价值的事的工具。简而言之，他们使用职权来完成工作，而不是服务于个人目的。

他们将管理者的角色与个人区分开来，这种做法可以在别人对你的职权表示服从或出现不满时，让你保持客观。如果你能看清楚，"他们只是对我所扮演的角色表达不满，而非针对我个人"，你就不会将别人的反对意见或负面反应放在心上，而别人的服从也就不至于让你冲昏了头。

优秀的管理者知道怎么样运用职权

优秀的管理者了解权威的用处和陷阱。当他们想去影响别人时，他们知道何时以及怎么样使用职权。以下问题可以帮助你了解职权的运用。

你是否知道，职权在公平的互动关系中最能发挥作用

职权只有在双向关系（平等、互利互惠、相互妥协的长期关系）中最能发挥作用。要有效运用工作所赋予你的职权，你的下属必须拥有"我们接受你""愿意让你影响我们"的心态。简而言之，你必须赢得运用职权的资格，伴随而来的是你对同事所负担的义务。他们期待你能为他们解决问题，做出决定，培养和保护他们，争取到必要的资源，给予奖励和认可，争取权益，关心他们，等等。失望的下属会找到上千种方法来对你阳奉阴违。

使用职权时，你是否奉行一定的道德准则

除了工作职权以及伴随而来的组织责任之外，你还要对决策或行动所带来的副作用负责任。许多研究指出，当你为了实现更重要的目标，必须对某些人造成伤害时，你的下属或相关人员希望你心里明白，并愿意诚实地面对自己所造成的伤害，这才能为你赢得行使职权的机会。

使用职权时，你是否做到谨慎和节制

只有在绝对必要时才使用，是让职权发挥最大作用的关键。职权最好是备而不用，用得越少，力量越大。多数时候，大家都会按照你的要求去做，因此最好将运用职权作为最后一招。正如一位管理者所说的："你确实拥有对下属的生杀大权，但是当你必须诉诸这种职权，你已经失败了。"

使用职权时，你是否让其他人参与其中

一位管理者发现，当他主动向下属说明自己为何做出某个决策时，他们会更接受和执行他的决定；另一位管理者发现，如果他事先征询同事对某件事的意见和反应，他们就更乐于合作。

聪明的管理者会主动征求意见，让那些可能会受某项决策影响的人参与到决策过程中。他们会让自己所做的事和原因尽量透明，也就是说，他们让办公室大门随时敞开。他们知道，要赢得别人的支持与认同，没有比这更好的办法。

事实上，优秀的管理者不只邀请别人参与管理，还会分享权力、授权给其他人，让他们在自己的责任范围内，拥有独立自主的空间。授权的秘诀是：你必须了解获得授权者的能力，并为他们设下必要的限制。

你明白何时行使职权是最恰当的吗

请别误会，我们绝不是主张管理者永远不应该直接、明白地行使职权。在下面的情况下，直接行使职权不但恰当，而且非常必要。

面对危机，必须果断行动时

面对重大问题、没有时间建立共识时，你的团队会期望你提供清晰、果断的命令，这绝不是鼓励大家各抒己见的时候。你必须快速找

出可行的方案，然后快速采取行动。

当团队成员无法达成共识时

有时候，虽然经过深入的讨论，你的团队可能还是无法达成必要的共识，这时你就必须做出决策，以让团队能够继续前进。你将不得不解释自己决策的原因，尤其是向原本希望你做出另一种决定的人。在这种情况下，相比陷于僵局，大多数人更喜欢向前跨出一步。

要维护团队的行事规范时

当你的团队显然即将违背某些重要的团队文化时，你就必须适时介入。团队文化一般包括团队的价值观、行事标准及规范，如质量标准、完工期限、公平原则、开放的态度，以及尊重其他团队的权利及需求等。这种情况最容易发生在压力大、大家想要走捷径的时候。

需要设定重要的界线时

高效的管理者不会经常直接告诉别人该怎么做，而是为大家设下界线，在界定范围内给予员工充分的自主权。设定目标与策略等于是告诉大家："往这个方向走，不要走错路。"提出计划可以让大家知道应该采取什么样的行动。团队标准及规范则界定了正确的行为模式；预算则设定了开支限制；政策、法令、规则及道德规范则划下了行事的界线。为特定任务设下的特殊规范，例如，"不可超越这个范围"或"支出不得超过多少金额"，可为特定情境及人员的行为设下相关限制。将你的工作职权视为替同事创造工作舞台的工具，让下属积极行动，发挥创造性。

需要将团队的时间与注意力引导到真正重要的事情上时

工作职权赋予管理者一种重要却常被忽略的权力：要求下属付出时间及注意力的权力。例如，当你觉得顾客服务受到忽视时，你不一定需要为此特别建立一套新的工作流程，却可以要求每位同事分别和你一起与10位顾客进行深入访谈。这种要求以及请同事提出报告、召开会议等，都可以将同事的注意力引导到某些特定的议题上，并让大家自己发觉它的重要性，这种做法通常比直接要求同事针对某些问题提出解决方案来得更有效。

高效的管理者最终都会发现，工作职权既不是管理的核心——它不是让他们成为管理者的关键，也不是影响别人唯一的或最好的方法。工作职权只是一种效果有限的影响力来源，仅仅依靠职权，无法做到让下属全心投入，让管辖权以外的人与自己充分合作。

大约在一个世纪之前，工人和工作场所管理的研究先驱玛丽·帕克·福列特（Mary Parker Follett）就已发现了这套亘古不变的原则："管理者的好坏不是看他是否懂得怎么样命令别人做事，而是看他是否不必颐指气使，谈笑间就能达成任务。"

要在你的管理者之旅中大步前进，你就必须放弃"职权"的神话，不再迷信职权是影响别人的最重要的方法。接受你必须依赖别人的事实，学会使用更有效的影响力工具。

更有效的影响力工具有哪些？那就是本书接下来要谈的内容。

第 3 章
别把个人关系加入管理中

别让亲密关系变成致命陷阱

上午 9:13。走廊上,彼得森听到有人喊自己的名字。他转身一看,在线教材主管杰伊·布拉德肖正朝他快步走来。布拉德肖负责制作所有新星计划课程的在线教材。

彼得森周一走马上任时,团队中只认识布拉德肖。他和布拉德肖大约同时加入雷诺教育的信息部门,两人有些共同的兴趣,尤其是科技在教育中的运用,也会偶尔相约共进午餐。彼得森欣赏布拉德肖对每件事都直言不讳的做法,从此他们一直保持着联系。和彼得森一样,布拉德肖后来也转到了编辑部门,但他们从来没有一起工作过。

"我今天下午就会把报告交给你,"布拉德肖说,"但我还有个更棒的建议,可以帮你省下不少时间——要不干脆让我代表你加入教育技术小组,这样你就可以不必去烦恼那些部门之间的问题了。"彼得森两天前刚收到几份厚厚的资料，发现自己原来是教育技术小组的一员，而且还必须在今天开会前读完那堆资料。他连瞄一眼的时间都没有。

"我今天就得去参加这个小组的会议。"彼得森说。

"太好了！让我去吧，这样马上就可以节省你的时间。"布拉德肖说。这个建议对彼得森来说很有吸引力，他有很多更紧急的事情要处理。他同时也是另外两个跨部门小组的成员，一个事关发展中国家的市场，另一个是关注定制化教材的。这两个小组同样也有很多会要开，很多资料要读。

但是，要让布拉德肖去面对雷诺的其他部门，彼得森有些顾虑。之前，两人的关系仅止于工作上的朋友，经过这个星期一的相处，他对布拉德肖的印象却变得好坏参半。布拉德肖很有才华，但非常喜欢和意见不同的人争论。

彼得森不确定是否应该让布拉德肖代表新星计划去参加公司里的跨部门小组。在大家眼中，有才华的布拉德肖比较散漫，很难管得住。而且，这个跨部门小组里还有一些他平常很少能见到的人，其中有几位可能会在新星计划的发展中帮上大忙。

"让我考虑一下，"彼得森说，"我觉得自己至少应该去参加第一次会议。"

"这有什么好考虑的，而且我真的很想参加这个会议，拜托！"

"你就让我考虑一下吧。"

布拉德肖停下了脚步。彼得森回头时，捕捉到他脸上失望的表情。

"我之前也争取过你这个职位，"布拉德肖说，"那时，我并不知道你也是上面考虑的人选。当里格比告诉我他即将调动时，我去找桑切斯谈过。我觉得自己是个蛮适合的人选，何必要在半路找一个空降兵来呢？但他没听我的建议，我差一点愤而辞职。"

"我不知道还有这一段插曲。"彼得森说。

"你上任以前，我也不知道是你来接任这个职位。"布拉德肖说，"你上任那一天，也没给我打个电话。"

彼得森猛然一惊。他上任后，事情实在太多了。"真是抱歉，"他说，"事情来得很突然，而且一上任事情又特别多。不过我应该给你打电话的，非常抱歉。"

唉，干脆让他去参加吧，彼得森心想。真的有必要让他这么不高兴吗？不过就是个任务小组罢了，何必让他那么失望？他是多年的朋友，而且他那么聪明，或许真的比任何人都了解教育技术，这件事对他似乎很重要。

在第2章，我们探讨了在影响下属时工作职权的局限性。但是，有什么可以替代它呢？是在你和下属之间建立亲密的个人关系吗？这恐怕是很多人（也许包括你）的选择，或者甚至是你没有经过太多考虑就采取的工作方式。

上下级之间应该建立亲密关系吗

你将下属视为朋友吗？这种想法或许来自一种深层次的需求，你希望被人接纳、受人喜爱。在与人互动时，你的第一个想法是与对方建立起亲密的个人关系，而且尽己所能地去保护这种关系吗？一位新手管理者说，他经常"极力迎合下属的想法……好让大家能够喜欢我、接纳我"。分不清"受人喜爱"与"受人信任和尊敬"之间的差别，是几乎所有管理者都会碰到的典型陷阱。

或许你很讨厌冲突，一出现任何冲突，你就会急着想平息；或许你根本就不喜欢影响别人。这个问题让许多管理者非常困扰。一位管理者说："真正困难的是，你跟这个人变得很熟络，你知道他有太太和小孩，而且刚买了一栋房子，背着贷款。但是，你却不得不告诉他：'没办法，你的工作表现不理想。'你不只伤了他的自尊心，还威胁到一家人的生计。"

你可能会认为，建立亲密的个人关系是对别人产生影响力最有效的方式。当你要求别人做事情时，你等于是在说："请为我做这件事吧，因为我们是朋友。"还有什么比这更让人无法拒绝的呢？

如果你是因为这个想法，而让自己与下属之间建立起了亲密的个人关系，你的管理者之旅恐怕会走得很辛苦。你将无法做出困难但却必要的人事决策，正确评估下属的表现，或是给予下属严厉但却对他们有益的反馈。如果你想和每个人都和谐相处，你就不得不对某些人或某些事情放宽要求，这会让其他人觉得很不公平。长期来看，以个人情谊为基础的上下级关系，只会让下属觉得失望，而且会大大影响你的管理效能。

你倾向于建立这样的关系吗？请你逐个想想你的下属，并问问自己：如果这个人的表现出了问题，而且迟迟无法改善，我能坦率地请他离职吗？如果在细致的辅导协助之下，他仍不断犯错，我能坚持要求卸除他一部分的职务，并且让他知道今年不会得到加薪吗？

如果你因为担心破坏彼此的关系，而不愿处罚或解雇一个人，那么你与他的关系将妨碍你扮演好管理者的角色。

为什么做上司和做朋友无法两全

思考一下作为上司和作为朋友的区别。

友谊不该有目的

友谊不应该是达到某个目的的工具。生而为人，我们都需要人与人之间的亲密关系或支持力量，但这不是上下级关系的本质。上司与下属之间的关系是为了完成某些特定的任务，若有任何因素会让下属无法达到应有的表现，这个关系就应该终止。

朋友是平等的

在组织中，上司与下属之间是不平等的。即使老板大部分时间都会收起权力之杖，但有时还是得使用它，即使下属会因此感到不舒服。没有多少友谊经得起这种不平等关系的考验。

朋友应该相互包容接纳

朋友之间不会不断评估对方的表现，强烈要求对方改变。然而，尽责的管理者却必须随时评估下属的表现及能力，同时要求他们不断进步和改变。提供这种善意的压力，也是管理者无可逃避的责任。

朋友不会随时彼此监控

管理者必须要求下属随时报告工作进度，进行自我评估，并且为工作成果负责。朋友之间当然也会对彼此有所期待，但那种期待是互相的、双向的，而且要求不会那么多。

现实中，你不可能与每位下属保持相同的友谊

人与人之间的契合程度绝对有所不同。如果你选择与下属当朋友，你与不同下属之间的关系也会有亲疏远近之别。如果你想建立关系和睦、运作顺畅的工作团队，你可以想象这会带来多大的困难，尤其是成员散布各处的虚拟团队。

如果你想和下属之间建立朋友的关系，不论有意或无意，希望以彼此之间的友谊来影响下属，你可能就得经常面对保住友谊还是严格要求工作绩效的艰难抉择。如果你最终还是必须以工作绩效及整体工作团队的利益为优先，你的"朋友"一定会觉得受到了背叛。

身为管理者，你迟早都不得不做出一些损害下属利益的决定，如处罚、降职、开除等。对于把你看成是朋友的人来说，这些决定就是赤裸裸的背叛，也必然会伤害或摧毁他们对这份工作的认同感。

另一个悖论：既要建立真诚的关系，又必须以工作为重心

你和下属之间，既不应该是完全的权力关系，也不应该只建立在对彼此的好感基础上，虽然权力与好感确实是上下级关系中不可或缺的要素。

一句话，上司与下属之间的关系是一项悖论，而且是身为管理者所必须面对的最重要的悖论。上下级关系之所以是悖论，是因为它一方面必须非常真诚、人性、关怀甚至亲密，因为你和下属拥有共同的目标。但另一方面，你又不能忽略上下级关系之所以存在，是为了要完成某项任务。你和下属之间当然应该保持正常的人际互动，但却仍然必须以工作为最终目标。你和下属之间当然必须关系友好，因为没有人愿意为冷酷、高高在上、不仁不义的人卖命，但关系友好不一定等于"友谊"。

也有很多人说："这仅仅是操纵。你只关心让员工完成工作，你在利用他们，你没有真正地关心他们。"我们知道人们是怎么得到这样的结论的，而且现实也的确如此，有不少管理者是假装关心下属，目的仅仅是为了得到自己想要的。

我们依然认为，在以工作为重的同时真心关怀下属，可以并行不

悖。想想你与其他人的关系，你会要求你的律师、医生、会计师或心理治疗师成为你的朋友吗？你当然希望他们真心关怀你，但你最需要的还是他们的专业协助，你绝不会希望他们因为关心你而影响到他们应该提供的专业判断。回想你碰到过的好老师，你当然希望她喜欢你、关心你，但你也知道，如果你考试没考好，她还是会给你打很差的成绩。同样地，想象一位教练，他关心你，用心培训你，但你们也都明白，他最重要的任务还是让球队打出最佳成绩。不论你是否能够挤进球队，担任先发还是坐冷板凳，全都要看你的表现，而非你们之间的关系。

管理也一样。你和下属最好能拥有真诚、良好的关系，但关系不是一切。你们最好拥抱开放、正面的关系，但你们最终还是必须保持某种距离，你们之间还是有一条不可跨越的界线。如果你和下属之间的关系，主要目的变成了维系情感而非完成任务，你就等于制造了一个陷阱，迟早会把自己困住。

为什么保持正确的上下级关系很难

由于悖论的本质，上司与下属之间的关系很容易出错。本能、直觉、化学反应等，都会将之指引到错误的方向，它们会让你远离那些你第一眼就不喜欢的人，而亲近你天生喜欢的下属。

然而和这两类人一起工作并建立起正确的关系，是你身为管理者的责任。上下级关系都应该有清楚的界限，与喜欢不喜欢、化学反应或个性都无关。

界定管理者与下属之间的关系是你的责任。为上下级关系设下界限，确保他们能够以工作及成功达成任务为重心，这件事最好一开始就说清楚，讲明白。当你做决策时，尤其是那些和个人期待有关的决策，让大家知道你的原则。

你也必须与自己本来就不喜欢的人保持良好的工作关系。第一步，你必须先了解自己的感觉。你不必改变，却绝对不能完全感情用事。如有必要，你应该与他们定期接触，比如每周见一次面或打个电话，以便与他们建立并维系良好的工作关系。这或许能提醒你，你们的目标原本就不是友谊。

根据研究，对于原来既存的关系尤其会带来重大挑战。家族企业中有亲戚关系的人彼此一起工作、产生上下级关系，或好友共同创业、将死党纳入麾下，甚至关系紧密的团队中有人晋升成了其他人的上司，这些情况都必然会影响到你的工作效能，或是摧毁原有的关系，甚至同时破坏这两个方面。

要解决可能产生的困扰，除了开诚布公、持续不断地沟通彼此的角色、期待及可能产生的后果之外，别无他法。所有相关人等都必须经常提醒自己，必须把个人关系与工作关系分开，共同决定在不同领域中的互动方式。许多家族企业或共同创业的伙伴最后都以关系决裂收场，有时还免不了一场腥风血雨，因为彼此的关系实在太复杂、太紧张了。这时可以考虑寻求有经验的咨询顾问或教练的帮助，这样的支持会有助于你预见、阻止或解决由家庭、友谊、业务和财富混合而生的复杂难题。

人际关系常常会走向极端，走向疏离或走向友谊。你得小心维护，才能让所有的上下级关系都维持在正确的方向，提供人性的关怀但保持恰当的距离，而且永远以整体团队及团队的任务为重心。不论身为管理者还是个人，不能做到这一点，你就得付出惨痛的代价。一开始就建立起正确的关系，绝对比搞砸关系之后再来弥补要容易得多。

第 4 章
信任是影响力的关键

影响力从信任开始

上午 9:33。彼得森的电话响了,电话那头是气冲冲的布兰达·鲍尔温(Brenda Baldwin)。她是公司在线支持部的负责人,也是教育技术部门公认的 2 号人物,她负责雷诺教育的公司网站。

"你们这些家伙真的很让人失望。"她的语气很不客气。

"出了什么问题?"彼得森有点吃惊,但力图镇定。彼得森见过鲍尔温,但没和她一起工作过,她以强势、难对付的作风出名。

"你们不是应该把所有要登到网络上的营销内容提供给我们吗?我们正在进行网站大改版,其中包括把新星计划放到网站上。你们应该在昨天就将资料全部提供给我们,你最好和你的营销天才好好谈谈,这是她第三次错过截止日期了！如果新星计划真的想要登到网站上，你们最好尽快把资料交过来。听说你们老是要别人配合你们的时间表。"

"我会搞清楚。"彼得森回答。鲍尔温直接就把电话挂了。

这下可好，彼得森心想。鲍尔温真是讨人厌，但是网站也真的很重要。对于对新星计划有兴趣的学校来说，网站是取得计划及课程相关资料最重要的渠道。

彼得森的思绪转到营销经理苏尔身上。"她为什么不能准时完成工作？我还需要弄清楚为何院校合作签约会碰到那么大的问题，而且我也不知道她的能力到底怎么样。她从来没跟我提起过这件事，也没说会赶不上期限。她是问题的一部分吗？她靠得住吗？"彼得森心想。

上午9:39。彼得森立刻打电话给苏尔，告诉她有点状况，请她马上上来。

上午9:41。苏尔一脸紧张地走进彼得森的办公室时，彼得森的上司桑切斯刚好打电话来询问一个问题。彼得森挥了挥手示意她坐下。她赶紧坐下，紧张地等候彼得森打完电话。

假设现在坐在苏尔对面的人是你。在你手下工作会是什么感觉？面对你时会有什么样的心情，尤其是这样高压的情况下？他们会对自己产生什么样的感觉？他们相信自己会被公平对待、受到支持和尊重吗？还是他们会觉得你是无法控制情绪、喜怒形于色的人？果真如此，你就该小心了。因为这件事对你的下属非常重要。他们的工作质量、工作的投入程度，是否无怨无悔地加班，都和你是什么样的人息息相关。

这正是我们在开头提出的问题：让下属即使在面对困难时也能达成好的结果，你具有这样的影响力吗？

前两章中已看到，诉诸职权、友谊都不够，你需要其他的影响方式，而所有的影响力都是从建立信任开始的。

几乎没有人会认为自己不值得别人信任，但你是否想过，大家可能并不觉得你是个值得信任的"管理者"。这个答案将决定他们是否真心接受你的权威与领导，能否对自己的工作尽心尽力。对你个人的成功与发展，没有任何事情比建立信任更为重要，下属的信任是管理者影响力的基础。

要搞清楚"信任"是什么，不是什么。信任与别人是否喜欢你无关，也跟你是不是个好相处的人没太大关系。事实上，它只与两个"相信"有关：

- 大家是否相信你身为管理者的能力？
- 大家是否相信你的个性品质？

能力：信任的首要因素

你的手下认为你是能力很强的管理者吗？

能力很强代表你知道自己该做什么，也知道怎样顺利完成，那代表着做管理者是你的专长。随着你不断展现对"做什么"与"怎么做"有充分的掌握，下属对你的管理能力也会越来越有信心，尤其当你取得了良好的管理绩效之后。

很少有管理者怀疑能力的重要性，但太多人的视角过于狭隘，多半把重心放在专业知识上。我们认为，管理能力应该包括三个方面：技术能力、运营能力以及政治能力。

技术能力

技术能力就是管理者知道自己该做什么，了解自己的行业以及管理的内涵。

技术能力并不代表你必须是工作领域中的专家或权威，但很多管理者都将宝贵时间浪费在了这上面。话虽如此，你还是必须对同事的工作及完成工作的方法有足够的了解，才能帮助同事达成任务。更重要的是，要能做出聪明的决定和判断。许多研究都指出，要生产部门的管理者接受自己不是技术方面的权威，尤其不容易。因为他们通常认为，技术能力是他们管理者角色中最为关键的部分。

如果你不了解业务怎样运行，也不知道管理者应该扮演什么角色，人们怎么相信在当你成为管理者时，真的知道自己该做什么？

运营能力

技术能力是关于你知道什么，运营能力是关于怎么运用你所掌握的知识，"知道"与"做到"是完全不同的两码事。你必须知道何时，怎么样运用业务专业知识和技术能力。管理也是如此：知道自己需要一份工作计划，并不表示你就能做出缜密、有效的计划。知道你的下属碰到问题时自己应该提供协助，并不表示你真的知道怎么帮助他。运营能力就是知道怎样有效地运用你所拥有的知识。

政治能力

你所管理的团队必然隶属于一个更大的组织，你必须知道怎么在这个大环境中有效地开展工作。这表示你必须了解组织怎样运作，以及怎样在组织中有效地完成工作任务。政治能力就是了解哪些人负责哪些事，以及你怎样才能影响他们。一位下属曾这样评价自己的上司："没有什么会比待在无能的管理者手下更糟糕的了。"所谓无能，就是无法在组织中发挥影响力以顺利达成目标。

你拥有身为管理者所需要的技术、运营和政治能力吗？

个性品质：信任的第二要素

同事们认为你具有管理者的个性品质吗？

个性品质是一个人笃信并奉行的一套价值观，就像内心的指南针。能力是指知道什么是正确的以及怎么去做，个性品质则是指一个人做正确的事的动机。人们想知道你将做些什么，而预测的唯一途径就是了解你的价值观及动机。

人们会不断分析你的言行，以了解你的行事动机。这并不意外，你一定也曾这样检讨过目前为止经历过的每个上司。然而，这件事还是令许多管理者如坐针毡。许多新任管理者说："我认为自己很不错，以为大家很快就会了解和接纳我，但大家都非常谨慎，我得努力去赢得大家信任。"

我们对信任的定义是：人们相信你会做正确的事情。但是，"对"的事情不是那么黑白分明，而且大家的定义是不同的。没错，定义"对"的事情、折中协调是你和一起工作的人必须经常面对的主题。然而，有许多"对"的事情对所有管理者都具有普适性。我们在这里总结了最重要的几项。

我们是以别人怎么看你的方式来提出问题。因为最重要的不是你怎么看自己，而是别人怎么看你，他们才是你必须影响的人。

个性品质1：认真对待工作

如果管理者认为自己的工作只是为了养家糊口，没有其他价值，你会信任这样的上司吗？如果你的上司根本不重视工作质量或顾客需求，你相信他能够做出好的决策吗？如果他重视自己及个人成功远多于工作本身，认为工作只是他达成个人目的的手段，你会信任他吗？

在这方面，你的表现怎么样？

大家认为你很看重团队表现吗？ 如果今天你的团队和他们的工作消失了，明天这个世界会有很大的不同吗？如果不相信你们的工作价值，你将很难获得别人的信任。大家怎么会相信一个根本不重视自己及团队工作价值的管理者呢？

大家都说你工作认真吗？ 大家都尊敬好的工作道德，并会信任在工作上很认真的管理者——做足功课、有备而来、态度严谨。身为管理者，如果你在工作上很努力，那就表示你非常重视这个团队及其表现，期望一起取得成功。

大家觉得你言行一致吗？ 你的行为是否与你要求别人遵守的工作价值观及标准相一致？这就是诚信正直。你的工作投入程度、愿意为工作牺牲的程度，是否符合自己对别人的要求？当管理者并不表示你可以有例外的特权。

大家觉得你关心下属及其工作多于你自己吗？ 为你工作的人很清楚你是否真的关心他们所做的事。若你专注的是自己的成功，而他们只是你的工具，他们绝对看得出来。如果你关心的是"我"，就不要指望别人会全心投入工作，他们只会做到基本符合要求。

当一天结束回家时，你的心思是停留在自己的表现上，还是团队的成果上？你最大的满足感来源于自己的表现，还是团队的绩效？我们认识一位管理者，当她终于能够放下受人肯定的需求时，她说："现在，当他们成功地完成一次新客户的拜访或达成交易时，我兴奋地觉得那好像是我自己的成就。"

一定得放弃个人成功的欲望吗？当然不是，只有圣人才做得到。但你的心态确实必须超越个人成就，而将重心转移到团队及组织的成功上来。这件事情的悖论是，你得把下属的成功看成你个人的成功，并从中获得满足感。

个性品质 2：看重每一个人

我们曾访问一位大型钢铁公司的管理者。他办公室挂了一幅字：拖着一群火鸡，再有本事的老鹰也飞不高。当我们问起时，他说："这只是个玩笑。"如果他是你的老板，你会做何感想？

大家相信你真心关怀他们吗？ 任何人际关系都包含了感情的因

素，包括上司与下属之间的关系。你真心希望同事、团队或每位下属都有成就吗？除了工作角色之外，你相信每个人都有他们的基本价值吗？如果一位下属遭遇不幸，你会感同身受、真心关切吗？你的言语及行为是否足以反映出你的关怀？这种感觉是无法作假的。如果你根本不关心他们，你又怎么能期待他们会关心你或你所负责的工作？

大家认为即使你必须做出痛苦的决策，仍会将他们的利益放在心上吗？ 此时，做出道德判断就变得特别重要，因为你不可能永远满足每个人的期待与需求。当你为了成就更高的目的而牺牲某些人的利益时，这可能就会让你显得对别人漠不关心，除非你真的很了解他们的利益，在决策过程中严肃地进行权衡，事后又能以同理心和情感支持面对他们的失望。

大家相信无论在什么情况下，你都会竭尽所能地保护每个人的颜面和自尊吗？ 你慷慨吗？你能做到公开赞扬、私下批评吗？你与别人的日常互动都很周到有礼吗？当你因为员工表现不佳而将其辞退时，你会让他们有尊严地离职吗？有些事情看来无关紧要，其实很关键：你会对公司的前台接待和收发室办事员说"请""谢谢"吗？曾有位应聘者因为对服务人员态度不友好，而被负责招聘的管理者拒绝。

大家认为你很愿意从他们的角度看事情吗？ 这就是同理心，了解别人看事情的方法，以及为何他会有那样的反应。这不表示你必须同意或接受对方的看法，但你必须能够理解他们。同理心就是将自己放在别人的位置，通过他们的眼睛来看事情。

大家相信你能接纳每个人的差异，不随意评判他们吗？ 当今职场上的人越来越多元化，许多管理者慢慢才明白，他们不能将下属当作自己的复制品来管理。只有尊重每个人的独特性，他们才能真正做到有效的管理。

大家觉得你很公平地对待每个人吗？ 公平的意思不是以相同的方式对待每个人。每个人都不同，"公平，就是有区别地对待他们。"一位管理者这样总结。她发现强硬的挑战或许可以激发某些人的斗志，却可能打击到另一些人的士气。关键是，你的下属是否都觉得从你那里得到了工作上所需的协助？他们是否觉得你对每个人都很公平，没有特别偏袒某些人？

大家认为你很善于倾听吗？ 你可能认为听别人说话很简单，我们说的是真正的倾听。当你与某人说话时，你是否准备好改变想法？如果没有，你就只是在阐述、推销自己的想法，而非聆听。不要把倾听看作是一个被动的活动。积极的倾听是指你与对方互动，问问题，积极探索对方的想法。倾听不只是言语上表达你对他们的想法很感兴趣，而是同时以非言语的方式，如肢体语言、声调、举止和态度，表达你的兴趣。

大家认为你很信任他们，愿意授权吗？ 信任是一条双行道，获得信任的同时，你也必须交出信任。授权是将自己的部分职权交给下属，它既是一种基本的管理行为，也是真诚信任的表现。

个性品质3：良好的情绪管理能力

不管你称为情绪成熟度或是情商，反正它就是我们在职场上有效管理自己及别人情绪的能力。

你或许喜欢将工作看成是理性、不带情绪的，但事实上，职场是你可以感受、表达或反应各种不同情绪的场所。你只要稍微回顾自己的工作经验，就会很容易地看到这一点。

处理情绪问题并不容易。很多时候，任何人都可能被自己或别人的工作情绪挟持，如反感、愤怒、挫折、恐惧、骄傲、忌妒、不理性竞争等。太极端的正面情绪也可能成为问题，如过度感激别人。所有这些情绪都可能让你说出或做出事后会很后悔的事情，降低管理效能。

压抑情绪并非解决之道。你要了解自己及别人的情绪，但又能不受制于它，这就是一般人所说的情绪成熟度或情商。身为管理者足以反映出你的情绪管理能力。

大家觉得你在工作场合善于控制情绪吗？作为管理者，你的反应必须总是具有建设性、前瞻性，并以团队利益为出发点的。下属随时都在观察管理者的言行，并深受影响。一位管理者发现："作为管理者，即使遇到问题，你也最好不要随便流露出悲观情绪，你的情绪会直接影响下属的工作状态。"另一位管理者的总结更形象："你得学鸭子，在水底下拼命划水，表面上还要看起来很平静、沉着。"

大家认为你是行事谨慎的人吗？身为管理者，你常会从下属那里获得许多非常敏感或与个人有关的信息。别人相信你会帮他们保密，而且会谨慎、明智地使用这些信息吗？你会保持自己不为团体中的流言所动吗？

大家认为你能建设性地处理他们的错误吗？直接下属对于上司怎么样处理犯错最为敏感。当然，没有人会期待自己犯下大错或持续犯错而不必负责任。然而，人非圣贤，孰能无过，大家也都想知道，自己的上司是会对犯错的人严厉斥责、绝不宽容，还是会帮助下属站起来、改正错误。

大家认为你很愿意听取别人的意见，接受合理的批评吗？你鼓励、容许别人对你坦率直言吗？即使别人的话听来刺耳，让你不舒服，甚至完全不公平，你依然能够态度从容、不愠不火，不急着辩解吗？

大家认为你能坦承自己的错误、无知或缺点吗？有些管理者常因不愿寻求别人的协助或想隐藏自己的弱点，而让问题更加恶化。他们害怕别人觉得他们无能或无知。你曾经在工作中对下属说过以下这些话吗？

"对不起。"

"我犯了个错误。"

"我错了。"

"我不知道。"

"你能帮我吗？"

"你可以再说清楚一点吗？我不确定自己听懂了。"

"你觉得怎么样？"

"如果是你会怎么做？"

这些话非常重要。它们让你得到学习的机会、更好的意见及解决方案，也帮助你修补受损的人际关系或重建信任关系，做到管理者的职位并不妨碍你说出这些话。当你犯错或需要帮助时，大家都看得出来。若你清楚地知道自己的状况，大家会像吃了定心丸，也会因为你愿意说出口而更尊敬你。

一位新任管理者刚接掌一家全球性投资银行的交易部门，手下有一群经验丰富的交易员。和许多新任管理者一样，他刚开始也采取直接下指令的管理模式，随时对特定的投资仓位或策略下达详细的指示。虽然许多交易员私下对他掌握交易时机的本领确实非常赞赏，但对于他下指令这件事非常反感。于是，他和下属的关系越来越紧张。他知道自己对国外市场了解不足，有一天，他向一位交易员询问一个关于定价的简单问题，没想到，这个交易员花了好几分钟为他解释，甚至建议下班后可以继续讨论。这位新任管理者因此学会了不再只顾着一直说，而是开始倾听。他说，当他改变作风之后，大家开始信任他。

我们知道这其中有一条很微妙的界线。一方面，大家尊敬你的诚实，愿意承认自己的弱点；另一方面，把自己的弱点和错误告诉大家，也可能会伤害大家对你的信任。你必须视情况随时调整。当然，这也说明判断力在管理中的重要性。

大家认为你有能力，也愿意去了解并处理他们的情绪吗？ 管理他人的情绪不表示你必须简单地忍受所有人的情绪。事实上，你必须主动了解并严肃对待他们的情绪，即使你并不认同这些情绪，或它们根本是冲着你的个人私怨。有时候，仅仅是认知到别人的情绪并让他说出来，就足以解决问题。当然，你也不应纵容任何超越了尊重、文明、合理界线的情绪及行为。

理解别人的情绪不表示你有必要承受它们。你每次都把冲着你来的愤怒放在心里吗？你把别人的服从当成是对你个人的臣服吗？你要明白，无论正面或负面的情绪，都是冲着你作为管理者的身份和角色而来，并非针对你个人。

大家认为你善于处理情绪失控的场面吗？你需要有"退一步"，客观了解状况的能力。深呼吸，喝杯咖啡，心里数到十，或其他一些方法都有帮助。情绪失控可能导致冒失、未经大脑的反应或失误的决策，造成难以挽回的伤害。

正如第 2 章中所说，将个人与角色分开，是处理情绪问题的好方法。对习惯运用直觉、反应特别快的管理者而言，这件事并不容易。但这能帮助你后退一步，放慢思考速度，评估状况，避免防卫性地解读事情，深思熟虑后再做出回应，并且让你免于被别人的情绪挟持。这件事之所以困难，是因为一般人觉得情绪攻击像是针对个人。有时候，别人会用人身攻击式的言语来宣泄情绪。

个性品质 4：强韧的自我认知及健康的自信

每个人都会碰到挫折、阻碍与失败，你的管理者之旅也会如此。问题在于你怎样回应？你会继续勇往直前吗？你会找出方法不断进步吗？有一次，一家成功企业的资深管理者这么说："要在我们这里成为成功的管理者，你一定得要有很强韧的自我认知，这不是指自大。什么事都是'我、我、我'的人很讨厌，而且也待不久，但是你真的必须非常坚强，清楚地知道自己是谁、要做什么。要想做到这一点，你需要专注在工作以及团队必须达成的任务上。"

换句话说，这就是一种健康的自信。健康的自我意识是一种强韧的自我认知而非自大。所有的个性品质，包括重视别人的价值、以尊重的态度待人、有同理心、能够接受批评、学习和改变的能力以及情绪的成熟度，正是以此为根基。更重要的是，它让我们得以正确地面对现实世界中的一切，包括别人对你的意见。以自我为中心大都因为缺乏自信，所以常常会让人自我膨胀。相反地，具有强韧的自我认知的人更关注自我以外的事情，如工作以及工作的最终目标。自我中心的人只关心自己。

强韧的自我认知可以让你获得别人的信任。在这个瞬息万变的世界中，你必须不断地与人沟通什么是"对"的事情，也就是别人期待于你的事情。强韧的自我认知让你可以用开放而诚实的心态，来面对无止境的沟通与妥协，并帮助你听到其中所隐含的对你个人及行为的负面情绪。

在本章，我们用了许多问题来强迫大家深入的审视自己，以及你到底是什么样的管理者，尤其从下属的角度，他们是怎么看待你的？

要获得别人的信任，你必须充分敞开自己，展现你的能力及个性品质。要创造信任，你必须努力表明，身为管理者你最重视的是什么，你的工作方式，你对大家的期待，以及你究竟是个什么样的人。

这些问题并不是一堆互不相干的大杂烩。所有这些的汇总，描述了一个正派的人的基本特点：能够以稳定、清楚、直接、诚实态度与别人交往。优秀的管理者通常都具备这些特点。

我们都不完美，都有身而为人必有的优点与缺点。要成为杰出的管理者，就是要不断地努力去缩短现实与理想之间的差距。我们需要对自己的不足有清晰的了解，想方设法来弥补它，让自己变成更有影响力的人。

管理始于你是谁，以及别人怎么看待你。在你的管理者之旅中，与下属建立起正确的关系是所有一切的基础。千万别把关系建立在权威或友谊之上，让关系建立在别人对你的能力及个性品质的信任上。

第一篇总结：自我管理评估

我们希望你仔细思考了前面三章所提出的问题，这些问题事关你是什么样的人，以及你怎么看待身为管理者的自己。这些问题非常重要，因为管理之道，首先在于管理好自己。

以下的问题不仅有助你掌握第一篇的内容重点，同时也可以让你了解自己在管理者的第一大要务中所拥有的优点和不足。

你能否有效地使用自己的正式职权？

你是否能将正式职权视为工具，但也很清楚这绝非影响别人的主要方法，也不应主导你与下属之间的关系？

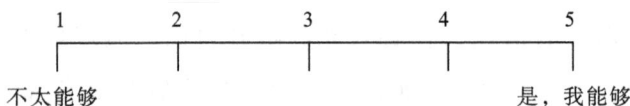

在使用工作职权时，你能尽量保持透明，与大家沟通你做事的原因及方法吗？

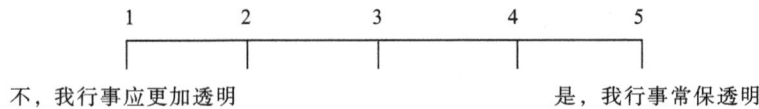

你是否更关心工作职权所带来的责任与义务，而非它所赋予你的权力？

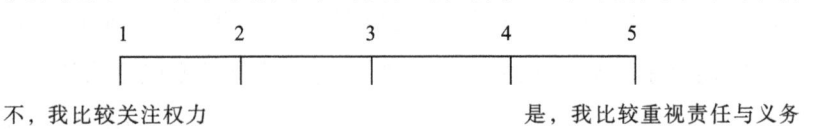

你是否尽量避免与下属建立纯粹基于权威的关系，也不会将下属视为执行命令的工具？

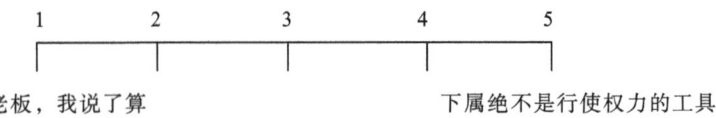

你是否能与下属建立起真诚但非个人友谊的关系？

你与下属是否能建立互相支持的人性化联系，但仍能以团队及组织目标为重心？

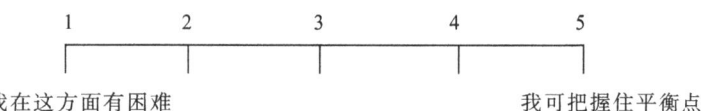

你是否能避免让个人友谊关系变得比工作目标还重要？

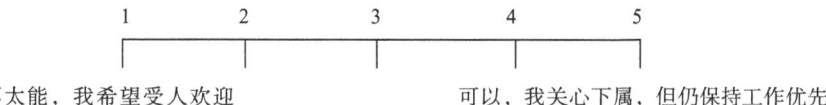

下属是否相信你身为管理者的能力与个性品质？

别人是否认为你通常都能做出正确的决策？你的想法是否以充分的数据信息为基础？

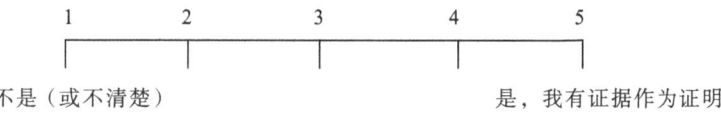

别人是否相信你的技术能力、运营能力以及政治能力？

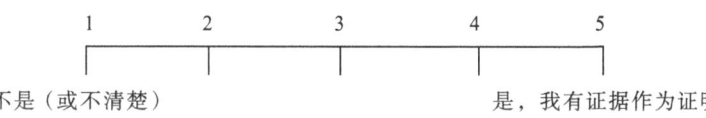

别人是否相信你的个性品质（动机、价值观、行事标准、情绪稳定度以及成熟度）？

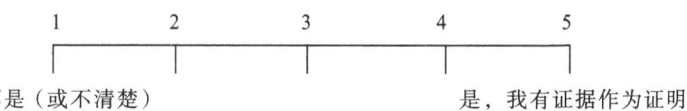

行使职权及影响力时，你是否秉持道德原则？

在采取行动之前，你会审慎思考；然后在开始行动时，会尽量减少对他人权益的伤害？

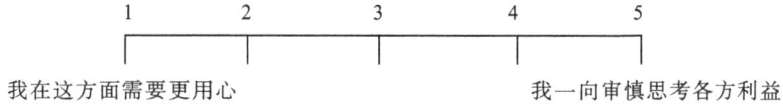

2 BEING THE BOSS

第二篇

人脉管理

迟早，你会惊讶地发现组织的两个基本特点：

第一个是你与其他人的相互依赖。没有人能够通过单打独斗成功，你会发现你做的每一件事都需要其他人的合作。更头疼的是，其中的部分人是你可以直接掌控的，但大部分是你控制不了的。你发现自己受到了限制，落入了一个巨大的网络中。

第二个是政治因素的无处不在。尽管大家相互依赖，但各人的需求却不尽相同。这些差别是巨大的，存在于目标、优先权、观点、价值观和利益等各个方面。此外，组织的资源又是有限的，为了争取资源，你必须不停地谈判和竞争。

保持独立和超然？别忘了你肩负的责任。身为管理者，你必须通过和他人建立一种不断的、相互支持的关系，从而主动地参与到"游戏"当中。

这就是我们要探讨的主题：管理好你的人际网络。这是对第一部分自然的延续。前面我们探讨了你怎样管理与下属之间的关系，这里我们着眼于你和所有你需要但没有直接控制权的其他人之间同等重要的关系。

第 5 章
理解你所处的组织

你需要影响力让团队发挥效能

上午 9:57。彼得森走进教育技术工作小组的会议室,另一位针对幼儿园到中学阶段开发的 K-8 教材发行人已经在那儿了。大屏幕电视上,是另外三位在波士顿的管理者,其中两位负责大学水平的教材,另一位是雷诺教育机构信息部门的负责人。不一会儿,艾瑞克·温盖特也到了,他是教育技术部门的管理者,也是这个项目小组的主席。最后一位成员,财务部门主管在 10:30 准时出现。

温盖特一开场首先欢迎彼得森。"很高兴见到你。你的前任很少来。我们希望能够经常看到你。"

"我很高兴能参加这个会议,"彼得森说。他转向屏幕:"各位波士顿的同事,大家好。"

"我们就从今早我最后传给大家的那份讨论事项开始吧!"

温盖特说,"也就是,当一个出版单位使用另一个出版单位所研发出来的教材时,是否需要付费的问题。"

彼得森读了关于教材付费的邮件。新星计划的商业模式就是在网络上重复利用或重新组合现有的教材,因此任何新的付费规定都会直接影响到新星计划的营运成本,这可没包括在原来的预算规划内。

"请问,"彼得森说,"这会改变我们现有的政策吗?目前的政策是使用其他单位的教材并不会影响到原单位的业务时,就可以不必付费。"

"没错。"温盖特说。

"我认为现有的政策很好,"彼得森说,"如果我们改变这个规定,将会使大多数的出版单位陷入混乱。大家过去非常愿意彼此互通有无,就是因为它其实不会产生任何机会成本。"

"这确实会影响到大多数的出版单位,"吉娜·罗兰说,"至于是否会让大家陷入混乱,或许只有那些完全靠别人开发的教材为生的单位,才会有这个问题吧。"

"没错,就像新星计划,"彼得森说,"不过,话不能这么说,新星计划的商业模式原本就是建立在目前这个政策的基础上的。"

罗兰是身在波士顿的出版人,负责"爱迪生出版"(Edison Books),专门出版大专工程教科书以及软件开发。新星计划的"程序设计导论"将大量利用他们的教材。另一位也身在波士顿的出版人则是"国协出版"(Commonwealth Books)负责人,出版的也是大专教材。

"如果你要这么说,我也没办法,"罗兰说,"但我们认为到了修改政策的时候了,这样才符合公平原则。"

"请其他成员也发表意见。"温盖特说,"其他人有什么看法？"

其他人发表意见时，彼得森很惊讶地发现，另外三位出版人以及财务主管简直就是异口同声，好像他们事先早就写好了剧本。显然，他们在正式开会前已经商量好了共同立场，而且他们的人数够多，足以左右整个小组的决议。温盖特将会以他们的意见作为整个小组的意见。

当罗兰说"我们认为"时，彼得森心里就在想，她说的"我们"究竟是谁？显然，"我们"包括了小组里的其他几位发行人，但不包括他或新星计划。"我也是出版人呀！"彼得森心想。他知道他们的意见不是冲着他个人来的，但感觉上他就是众矢之的。他知道这几位发行人也想打进发展中国家市场，但公司高层却决定要通过一个新团队来执行。这些发行人很不以为然，甚至认为新星计划抢走了他们的机会。

如果这种情况发生在你身上，你会作何反应？你会觉得自己成了办公室政治的受害者吗？一小群人事先串通好，左右了整个小组的意见。你是否觉得自己比他们高尚多了？"办公室政治，真是受够了！我这辈子绝不玩这种幼稚的游戏！"

你觉得受到排挤了吗？"为什么他们没找我？我也是出版人呀！"你的防卫心是否突然升起？"这些家伙只顾及自己，完全不考虑组织的整体利益。"

还是，你开始对自己感到失望？"或许我应该主动召开那个会前会，好好说明新星计划想要开创的局面，争取大家的支持，因为雷诺教育机构真的需要新的商业模式。"

或许你根本不会落入这样的局面，因为你深谙组织运作之道，天生知道怎么寻找同伴、建立联盟。如果是这样，你真的太幸运了！由于对组织的内涵理解不够，无法在组织中游刃有余地开展工作，很可能会让管理者的旅程及生涯半路夭折。

你如何看待组织运作的现实

你是否觉得，这个会议生动地反映了让许多管理者（包括你）焦虑和厌恶的组织政治？你是否觉得这种情况在日常工作中很常见：惨遭别人联手打压；自己的想法更有道理，却不能被人接受；你的团队常碰到不公平、不合理的任务、目标或预算？

许多管理者都了解，处理组织政治是工作的一部分，但用他们自己的话说，很讨厌和别人"玩这个游戏"。他们不喜欢冲突和竞争，认为组织政治根本就是一种操纵与胁迫。在那个世界里，"关系"永远比"本事"重要，而赢家之所以会赢，不是因为他们的能力或想法高人一等，而是因为他们"上头有人"或者"善于搞关系"。

因此，他们只有在必要的时候，也就是碰到问题或有某些特别的需要时，才肯勉强和别人打交道。否则的话，他们宁可将注意力放在自己团队的工作上。"请根据工作成果，而不是我认识什么人来评价我。"他们总是这样想。

这当然是比较极端的想法，但是否某种程度上让你心有戚戚焉？别担心，有这样想法的管理者很多。许多人都因此对组织大失所望，甚至变得有些愤世嫉俗。这种反应很容易理解，但并不正确。事实上，若无法积极参与到组织中，管理者根本就做不好工作。

你扮演好政治角色了吗

身为管理者，你除了与整个组织积极互动之外，恐怕别无选择。管理大师亨利·明茨伯格在《管理工作的本质》中指出，管理者在组织中扮演多种角色。身为团队的管理者，请思考你必须扮演的角色。

你必须为团队解决问题

两位跨团队合作的工作同事,因不同团队的工作优先级发生了冲突。当你的团队和其他团队之间发生问题时,你必须挺身而出解决问题,好让工作继续顺利进行。如果不及早处理,这些问题就会在你猝不及防的时候突然爆发。一位管理者的客户服务团队和业务部门一直有嫌隙,业务部门一再对重要顾客做出不切实际的承诺,两个部门的冲突最终让重要客户愤而投向竞争者的怀抱。

你是团队与外界沟通的渠道

团队和外界的信息传递,你是最重要的中枢。你的下属会为每天的工作与组织中的其他人互动,但是多数非例行性的信息则必须通过你来传递。另个一部门的新产品上市失败,跟你有没有关系?当所有部门都必须因此而缩减开支时,它就变成了你的问题。IT部门正考虑明年春天进行一次软件系统大升级,届时必将影响全公司的计算机使用,而你刚好计划在那段时间安装新的设计软件。为了掌握这样的重要信息,你必须主动参与到组织的运作中。

你必须为团队争取权益和资源

你的上司知道你和你的团队需要什么吗?只要你提出来,他们就会立刻提供给你所需的资源吗?在组织里,有形的资源如经费、办公空间及后勤支持等,就像时间、信息等无形需求一样,通常都非常有限。你必须为团队努力向上司争取,还要与其他的管理者进行协调。你也必须与其他人协调彼此相关的工作事项,像必须完成的目标、所需的时间及开展方式等。如果其中牵涉重要的取舍、条件交换,你是唯一能决定自己的团队需要争取什么、放弃什么的人。你也是团队中唯一能够与其他个人或团队建立合作关系,以达成共同目标或利益的人。

你必须为团队发声

你是团队的正式发言人,也是团队的捍卫者、大使、说客、辩护人及公共关系负责人,下属和组织都期待你扮演好这个角色。外界怎么看待你的团队,很大程度上取决于你的努力。你的团队成功完成重大项目,而且完全没有超出预算?你的责任就是要大力宣传这个好消息。我们曾见过有个团队耽误了重要的期限,但这个团队的管理者亲自牵头找出解决方案,并到所有相关部门说明延误的原因及解决办法,最终挽回了整个局面。只有你,这个团队的"老大",才能扮演这个角色。

你必须保护自己的团队

你扮演的角色,有点像团队与高层、其他团队或任何外人之间的缓冲器。你的下属期待你挑战"上面"不合理的要求或指示,保护他们免于承受太多限制。你也必须扮演守门员的角色,帮他们挡住各方面的压力和不恰当的要求。身为管理者,你必须能够处理团队与组织需求互相冲突时的挑战。弱势、缺乏影响力的管理者,只能无奈地当个传声筒,向自己的团队传达别人的要求。

简单地说,管理者的责任是将自己的团队与整个组织"连接"在一起,让所有相关部门都能和谐运作。你必须一脚踏在自己的团队里,另一脚努力地伸向外面。职权不只赋予你管理自己团队的权力,而且还要求你代表团队与外界接触。知道怎样扮演好这个角色,正是管理者运营能力的关键要素,也是要赢得别人信任所必须展现的关键能力。

请注意,以上讨论的角色都需要你发挥自身的影响力。你在扮演这些角色时表现得怎么样?你究竟拥有多少影响力?

不积极参与到组织中，你就不能有效管理

若想扮演好管理者的角色，你就不可能完全逃避组织政治。如果你不能积极参与到组织的运作中，有效发挥影响力，而是超然于组织政治之上，你作为管理者的效能将会大大降低。请想想"不愿意"扮演上述角色的后果：

- 你的团队与其他部门之间的问题，将无法得到解决；
- 团队之间的冲突常常以违背你理想的方式解决；
- 你的团队常会根据不完整或不正确的信息行事；
- 你的团队经常被人误解；
- 你的团队经常受到外力干扰，因为没人可以帮他们过滤、调解或排除外来压力；
- 你的团队经常缺乏必需的资源；
- 你的下属对你备感失望——身为管理者，你会显得很无能，因为你对下属和他们的工作不够关心，不能提供所需的帮助。

当然，在很多组织中都有一些热衷于政治斗争的"玩家"，他们喜欢算计，满足于在内部争斗中获胜。可悲的是，有些组织的氛围鼓励这种行为。如果你发现自己处于这样的组织中，我们的建议是，另谋高就。幸运的是，大多数组织不是这样。

多数的组织都具政治因素，决策的制定与冲突的解决都要靠影响力。要想在组织中成功，你必须拥有影响力。这或许会让你陷入两难境地，因为要建立并运用影响力，你就必须应付组织中的各种政治运作与角力。你不可能只关心自己团队的工作，因为没有任何团队能够孤立地存在于组织系统之外。

想象一下自己毫无影响力会是什么样的状况。它意味着你和你的团队只能任人摆布。英国史学家阿克顿勋爵说："绝对的权力导致绝对的腐化。"但毫无权力也会使人腐化。历史上，因自己无权无能而

造成莫大伤害的人总是辩称:"我别无选择,我只有听命行事的份。"

进行重大决策时,如果你希望成为代表道德与公义的力量,你就必须拥有影响力。影响力不止能让你得到自己想要的,还能让你在别人都想便宜行事时,挺身为公平、正义发声。如果你毫无影响力,就只能屈从或者靠边站。

如果你曾经跟随缺乏影响力的老板,回想一下那时有多么痛苦和沮丧,即使你个人还算喜欢他。但你得不到所需的资源和关心,没人把你或你的团队当一回事。

组织中也不乏恶霸式的人物,他们专门挑起组织争端,靠威胁、恐吓在组织中横行。应付这些人很困难,但你绝不应该弃械投降,而要以影响力来对抗他们,用你的影响力寻找志同道合的盟友,共同维护正义。

事情很简单:你必须影响其他人——那些你没有正式管辖权的人,来达成你和团队的目标。你的下属也依赖你的影响力,否则他们无法安心工作;你的组织也需要你的声音,好让它一直运行于正确的轨道之上。

所以,正确的态度是不逃避组织中的政治运作,积极参与,将这些力量导向正途。影响力并不是阴暗的力量,关键要看怎么运用。在遵循光明正大、诚实、公平和彼此尊重的原则基础上,你没有理由不去积极与其他人互动,推动组织前进。"玩政治"和"在政治环境中运用影响力"是两回事,不应混为一谈。

从理解组织是怎样运作的开始

要提升自己的影响力,你可以从认识"组织"这头野兽开始。许多管理者之所以不喜欢组织中的政治操作,大多是因为他们对组织和组织的运作有误解。

你是否将组织视为理性的层级结构，信息沿着决策链由下而上流动，命令与指挥则是由上而下？你是否认为，组织中的影响力来自职务或头衔，或许再加上一些过去的成绩或特殊的专业能力？你是否认为，努力培养自己的影响力，就是一种自我膨胀，攫取个人地位、控制权，或操纵别人，建立个人王国的行径？你是否认为，组织里的冲突都应该理性地寻求"最佳"或"最正确"的解决方式？你是否认为，只要是头脑清楚的人，都应该能够判断什么才是正确的解决方案，而且也都希望大家能够彼此合作？你是否认为，有冲突就代表管理已经失败或组织设计出了问题？

不幸的是，真正的组织要比这复杂得多。因为组织由人组成，所谓管理，基本上就是要处理组织中的悖论，不断进行权衡。正因如此，所有管理者都应该认清现实状况，才能积极面对真实的组织，而非虚幻的想象。

当今的组织其实运作得还不错

哈罗德·莱维特（Harold Leavitt）在《从生存到升迁》中指出，尽管组织有政治性质，对于大规模、多元化的群体长期完成复杂任务来说，却是人类社会到目前为止最适合、最有效的架构。由各具专长、相互依赖的团队组成的层级制度，恐怕不会在短时间内消失，而且组织形式一直在不断变化，越来越有弹性。同时，企业与个人之间的关系也在不断改变，并可能提高了组织的政治性质。组织永远是不完美的，我们必须学会与组织共舞。

组织同时具备理性与社会性的特点

你可能希望组织是完全理性的，但因为组织由人构成，所以它必然是社会性、情绪性特征强烈的社群。组织中存在需求各异甚至彼此冲突的群体，而且它们还必须互相依赖，才能共存共荣。它们必须通过冷静、理性的决策，以及各种影响力交织的混沌过程来发挥功能。

这就是为什么好的主意、正确的策略或最佳行动方案对每个人来说都不一样。也正是因为这个原因，即使在你看来再清楚不过的好主意或好计划，仍然需要通过大力推销才能获得认同。任何时代的任何组织都是如此。有能力的管理者会整合组织中的理性与感性，以让组织有效运作。

组织中存在冲突，这并非坏事

冲突是组织的特征之一，也是组织政治性格的来源，更是你需要拥有影响力的原因。有些企业允许大家开诚布公面对冲突公开讨论并解决；有些企业则极力避免冲突，这样做只是压抑了公开的冲突，却无法真正消弭它。冲突来自组织的三项基本特征：

多样性。专业分工是创造组织效能的关键，每个职能团队都有自己的目标，在有限的资源下完成任务，追求各自不同的优先级。从长远来看，各个职能的工作需要协同起来，实现组织的整体成果，但每个团队的目标、资源及优先级却不可能完美地契合。

互赖性。多元化团队的目标、需求或许互有冲突，但在组织运作上，又互相依赖。彼此要正视相互之间的差异。

资源有限。组织所拥有的时间、金钱或其他资源，永远无法满足每个团队。因此，所有团队都必须在有限的资源中，尽量争取到自己所需的那一份。

很多人希望消灭组织政治，要实现这个目标，你必须要消灭组织中的冲突。为了消灭冲突，你必须要消除差异、相互依赖和资源有限的问题。这样分析下来你就可以看到，消灭组织政治是不现实的，这样做也没有必要，因为组织中的冲突可以是健康和富有成效的。事实上，差异化和冲突恰恰是创新和变革的基本驱动力。

组织运行中，竞争和冲突往往可以带来更好的工作方法。很多组织依靠冲突来实现工作的改进，无论它们多么公开地谈论和谐的美德，这也是为什么优秀的管理者必须参与建设性的冲突的原因。

组织中的冲突常常被误解，一般人认为它是"为了满足个人虚荣或攫取个人权力而进行的政治斗争"。事实上，大部分的冲突都比这来得复杂。许多冲突都源于个人或团队之间真实而正当的利益或观点分歧，组织里的人并不都是贪图权力、争强斗狠的人。相反地，他们代表的是许多彼此冲突，却各有其正当性的观点。为创造组织的整体利益，这些差异必须得到妥善处理。

令人头疼的是，有些人的确会为了个人利益而挑起权力斗争，因观点分歧而产生的冲突，有时也会沦为个人之间的权力倾轧，尤其当事人的成熟度及自信心不足时，冲突更容易变质。处理不当，冲突会产生极大的破坏性，变成个人间的对立。文明的团队可能会退化为原始部落，与其他团队之间产生"敌我意识"，沦为破坏力十足的内部斗争。

因此，冲突绝对需要管理。优秀的组织会设法让冲突变得有建设性、与工作相关，而非变成破坏力强大、影响组织运作或导致个人私怨的问题。真正的挑战不是消灭冲突，而是将冲突导向建设性的结果，有时甚至还可为了正当的目的而刻意激起某些冲突。

组织原本就有强烈的工具性特征

组织原本就是一种达成目的的工具。因此，和组织相关的一切，包括人际关系，都具有工具性特点。每个人都在彼此竞争，以争取想要的东西，这是"组织"的本质，也解释了组织中的关系多半具有互惠性质和利益交换。利益交换并没什么不对，所有的人际关系都有互惠成分。真正的问题不是组织中的人际关系应该完全无私（我为你做这件事，因为这是正确的事情），也不是其带着互惠的性质（我为你做这件事，因为你也会为我做一些事），真正的问题是，组织的最终目标是否有意义地实现了。

软技能很重要

"软技能"或难以定义的能力很容易被低估,却有助于组织间的合作和成功。欧洲工商管理学院的组织行为学教授埃米尼亚·伊瓦拉(Herminia Ibarra)发现,许多年轻管理者常常以轻蔑的口吻,将一些资深管理者的成就归功于他们高超的"政治技能"(political skills):"他们只会说客户想听的话",或是"他们知道的不多,但却很懂得吹牛"。

但有机会近身观察或与资深管理者一起工作的人会发现,资深管理者有种不激怒客户、让客户觉得重要的沟通能力。资深管理者有能力让不同团队紧密结合,以及整合不同观点,激励大家继续前进。另外,这些资深管理者主持会议的功力也非常好,例如,该提什么问题,以及请人发言的先后顺序等。这一切,都凸显了软技能的重要性。

你知道如何积极拥抱和融入组织吗

组织中的政治环境可能导致建设性或者破坏性的后果,具体则取决于你怎么做。组织政治可以制造出病态行为,如眼光短浅的内讧及个人权力争斗,但它也可以带来绝佳的创新和变革。

政治因素的确不全是发挥建设性的作用,有些人会为了个人私利而滥用影响力。破坏性的内部争斗、个人恩怨确实会阻碍进步,打击士气,扼杀创新。看不到这一点就太天真了,但也不能过于悲观。

因此,问题不是你要不要在政治环境中积极运用影响力,而是你应该"怎样"运用。以下是一些建议:

将注意力专注于对企业有益的事情上,当有心存善意的人反对你达成目标的方式时,请别太惊讶。你只能期望自己有时赢有时输,韧性非常重要。当你输的时候,全力支持最后的决议,别人未来有可能效法你的风度。

避免愤世嫉俗或幼稚天真。组织绝非恶魔的化身，不该也不是乌托邦，人性的复杂导致了组织的复杂，没有组织是完美的或理想的。面对组织天生的缺陷，最好的方法就是积极与同事互动，而不是孤立自己。

不要将反对意见视为个人恩怨或变成个人恩怨。这时我们最需要的就是强韧但却不过度膨胀的自我意识。与反对你的人保持互动，不要妖魔化别人或让你的团队落入敌我意识的陷阱。

记住，正如你对下属的影响力，组织影响力最终也是建立在"信任"上，而且同样需要用心去维系。

依自己最重视的品格标准行事。诚实、率直、开诚布公、可靠和诚信，即使别人不按这套标准行事，你仍然要忠于自己的内心。

善于发现组织中技能高超的人。研究、仿效他们的做事方法。如果可能，直接找他们讨论问题，表达你的钦佩，寻求他们的建议。

我们没有说这是一件容易的事。在你建立或运用影响力的过程中，有时你会备感压力，甚至被迫做出违反个人信念的事，有时你会觉得被别人误解。你得做出权衡，有所取舍，甚至为了顾全大局而带给别人一些小小的伤害，例如，拒绝某位同事的合理请求。但如果在做这些事情的时候，你仍应该心存尊重，力求诚信。

身为管理者，你不可能自命清高，逃避组织中必然的冲突与妥协，还能获得进步与成功。最好的方法就是积极、主动拥抱所处的组织，以诚信、尊重的态度及纯正的动机，来完成有意义的目标。

第 6 章
编织影响力网络

建立人脉网络来行使影响力

上午 11:03。彼得森回到办公室,他的高级编辑塔塔急匆匆地向他走来。

"我就知道会发生这种事。"塔塔说。

"什么事?"彼得森问。

"爱迪生出版和国协出版的人拿到布拉德肖制作的部分课程内容,他们简直气炸了。"爱迪生出版和国协出版是雷诺教育的出版单位,负责这两个出版单位的出版人刚和彼得森开完教育技术工作小组的会议。杰伊·布拉德肖负责所有新星计划在线课程的内容制作。

"有什么问题吗?"彼得森问。

"当然,因为爱迪生出版和国协出版的人并没有授权给我们。"

"布拉德肖没向他们要求授权吗？"

"有，但是他们拒绝了。"

"他们怎么能拒绝呢？"

"因为这些教材是他们的。"

"如果没有授权，布拉德肖怎么拿到内容的？"

"我也不知道。他有一些懂科技的朋友，我想应该是他们帮他弄来的。这很有可能，不是吗？"

"爱迪生出版和国协出版的出版人不同意布拉德肖使用他们的教材内容，所以他用别的方法弄到这些教材？"彼得森问说。

"我相信是这样。"塔塔说，"现在该怎么办？"

想了一下，彼得森说："暂时不要轻举妄动，东西还没有出公司大门，所以这些都还是属于内部协调问题。我来找布拉德肖谈谈。对了，你有没有在课程表中注明教材的出处？"

"有。"塔塔说，"我告诉他必须取得授权。我还跟他说，如果他无法取得授权，我们就得自己开发内容。"

"但这不对呀！新星计划的目的就是要重复利用既有教材。你有没有跟爱迪生出版和国协出版的人讨论这件事？"

"没有。我才不要夹在布拉德肖和他们之间。"

"但是你不能只注明出处，却不处理这件事。这不是你分内该做的事吗？你难道没有和爱迪生出版和国协出版的人讨论过我们的课程表吗？"

"没有。自从他们上次向里格比（彼得森的前任）提出抱怨之后，里格比就说不要再找他们讨论了，因为这只会让问题变得更复杂。我同意他的看法。"

彼得森叹了口气，不知现在该向谁报告这件事。"对了，"他说，"你打电话给施密特教授了吗？"施密特就是打电话向彼得森及新星计划战略伙伴 IFTE 抱怨的编辑顾问。

"没有,"塔塔说,"我得先跟你讨论这件事。"

"他不是你的编辑顾问吗?"

"是没错,但他也是 IFTE 的董事,而且……"

"等一下,"彼得森说,"他也是 IFTE 董事会的成员?你怎么没告诉我?"

"我提供给你的数据里就有呀!"

"你给了我 300 页文件,其中一定有。算了,我来打电话给施密特吧。"又得玩更多的政治游戏了,彼得森心想。

塔塔看了看表。"他人在加州,"他说,"那里现在是凌晨 3 点。真是对不起,这件事我应该早点告诉你。"

组织有天生的政治环境。要在组织中成功,你必须拥有影响力。建立影响力的方法是主动打造自己的人脉网络,善用个人的相互依存网络,来换取彼此所需的支持、资源及信息。

人脉网络的价值是明显的,但是很多管理者很害怕做这样的事。因此,很少有管理者能够积极、出色地建立人脉网络。你呢?要有积极的意愿,并且真正将人脉网络建立起来,将是你管理者之旅中极为重要的里程碑。

你打造了自己的人脉网络吗

每个人在工作过程中都会建立起一些人际关系。然而,你真正需要的不仅是人脉,而是人脉网络——与你需要的人及需要你的人之间,保持非常巩固的人际关系,彼此了解对方的需求及双方的依存性。和所有管理者在工作过程中都会产生的零散人际关系相比,人脉网络有哪些不同?

- 人脉网络比较复杂，它涵盖了所有你需要和需要你的人。
- 人脉网络是持续的伙伴关系，而非在需要时才偶尔联系的人际关系。
- 人脉网络兼顾当下和未来的需要，既包括你完成目前工作所需要的人，同时也包括对你的未来有关键影响的人。
- 人脉网络需要未雨绸缪，提前建立。如果你都是在需要解决问题时才与别人联系，你将永远是在有压力甚至冲突的情况下与人互动，这不是建立关系的最佳时机。

即使在彼此长期互利、巩固而持续的人脉关系中，也是可能会出现一些冲突。然而，因为早已建立的信任、了解及伙伴关系，这些冲突往往都能化解。

高效能管理者以四种方式来运用人脉。

你擅长运用人脉获取或提供信息吗

管理有趣的地方是，当你不再亲自动手做事时，你就必须让工作的相关信息能够顺利地由下往上传递。正如明茨伯格在《明茨伯格管理进行时》中所说的，这时你必须发展出新的方法，来获得所需知道的信息。

这就是你的人脉网络最能派上用场的时候。通过人脉网络中的成员，你可以仔细检讨自己的工作环境，通过询问、聆听及观察，了解目前发生的事情，及未来即将发生的事。许多信息可能都属于八卦、细节和臆测，但你可以拼凑出事情的大致面貌。这件事无法以任何其他方式达成，而且是你做出更完整的决策及计划的重要基础。

信息不是随便就能了解到的。信息真的就是力量，因此大家通常都会好好保护自己所拥有的信息，只愿意与他们认识或信任的人分享。而且，如果你听到的信息来自不认识的提供者，你将难以评估信息的价值及其中真正的含义。

你能运用人脉网络帮助团队与组织联系起来吗

第 4 章我们已经讨论过，管理者要将自己的团队与组织整体相连接。你必须解决问题，为团队发声、提供必要保护，做好适当的宣传，同时为团队取得所需要的资源。丰富的人脉是扮演这个角色的必要条件。

你能运用人脉与追求相同目标的人结成联盟吗

联盟就是一群目标相同的人团结起来，不论是为了推动新策略，开发新产品或以不同的方式来发展业务。所谓"团结力量大"，联盟往往能获得更大的影响力，在协商、赢取支持中增加话语权。第 4 章开头所描述的雷诺教育技术工作小组会议，就是典型的案例。很少有组织真的以投票来做决策，但每位有经验的领导人都了解，孤身对抗口径一致的一群人会有什么样的结果。

你能运用人脉网络发挥道德力量吗

人脉网络可以帮助你了解、评估自己的行动或决策可能带来的结果，它有助于你在众多关系人之间进行协调和权衡。它还能帮助你处理组织政治的黑暗面，例如，对抗迫使你在质量标准或诚信上做出妥协的压力，或是抵制想在组织中攫取私利的恶霸。

打造三种人脉网络

你需要建立三个互有关联又不尽相同的人脉网络：
- 运作网络。它包括团队在日常工作中会接触的相关人等。
- 策略网络。它包括能帮助你为未来做好准备和协助你回答以下问题的人："我们应该做些什么？""我们应该去哪儿，怎样才能到达？"

- 发展网络。它包括能帮助你取得个人成长或提供感情支持的人，这些人或许会与其他网络中的成员有所重叠，但其中应该也会有一些比较特别的人物。

如何建立人脉网络

你可能会想："这听起来很有道理，但对我并不适用。这件事的确很重要，但我做不到！我很喜欢与人交往，但要我刻意去结识，我真的没办法。这简直就像要我去参加没有半个熟人的派对，我很讨厌这样！"

我们非常理解你的心情。建立人脉网络当然得花工夫，但我们不认为只有性格外向的人才能做得到。为什么？因为你已经有很好的理由去接触那些应该纳入你人脉网络的人。你需要他们，他们也依赖你。就从找出这些既存的互赖关系开始建立你的人脉网络吧！

就是因为这种相互的依存性，建立人脉网络其实并不特别需要外向的个性。这是技能，每个人都可以通过练习而学会的技能，一旦你开始练习，你甚至可能会喜欢上这件事。

事实上，如果你是天生的社交明星，还得特别注意不要让人脉网络失控。和组织一样，你的人脉网络有其工具性和目的性，最好建立在工作需求上。在人脉网络所带来的责任义务以及自己的工作需求之间取得平衡，这可能是不小的挑战。

要建立有效的人脉网络，有五大主要步骤：

（1）了解你所在的企业。
（2）知道你团队前进的方向。
（3）画出你的人脉网络。
（4）建立你的人脉网络。
（5）维系你的人脉网络。

不需要机械地照搬这五个步骤。之所以用这样的方式来表述，是因为以我们的经验，如果管理者不能有条理地去做，效果就会大打折扣。可以把这些步骤看作是锻炼计划，你必须持之以恒，才可能见到成果。

步骤 1：了解你所在的企业

请从深入了解你所在的企业开始。除非你对组织的使命、运营模式、面临的挑战、目标、怎样达成这些目标，以及哪些人负责哪些事情有深刻的了解，否则你将永远无法真正掌握状况。

组织冲突通常反映了一些很正常的利益冲突，也就是不同团队之间对于目标和策略的分歧。只有了解你所处的企业，才能理解那些观点与问题。

了解公司的业务

你应该从整个企业或是某些重要部门开始了解。先掌握公司的内部信息来源，然后收集网络上的相关信息，如产业专家的分析、产业期刊、政府及管理机构等。另外，还要参加业界及专业相关的会议。你必须了解公司的中长期目标、策略、商业模式及重要计划；你也必须了解公司的发展历史，尤其是最近几年的重大事件以及面临的挑战。

你还应该清楚公司所处的市场情况，从顾客、投资人、供货商等不同人的视角来审视，了解哪些市场力量在影响这个产业，认识公司的竞争对手。

明白组织是怎么样运作的

现在，请观察不同部门、单位及组织中的其他团队都在做什么，彼此怎么运作配合。尤其是你必须了解自己的单位在公司扮演的角色，以及你的团队在其中的地位。

了解哪些人在你的组织里最有影响力

掌握组织中的影响力分布情况。公司的非正式组织图是怎样的？在公司进行重要决策时，比较有影响力的人或团队的意见通常比较有分量，你最好确保他们都和你站在同一边。请特别留意以下线索：

哪些人拥有正式职权？ 先从一个人或一个团队在组织中的层级开始看起。正式职权当然不是影响力的唯一来源，但它确实是一项重要因素。

哪些人的意见受重视，为什么？ 在会议及其他场合，请注意哪些人或哪些团队的意见最受重视。大家平时最常谈到哪些人？哪些人的意见似乎比较有分量？

哪些人的工作对达成组织目标比较重要？ 任何组织中，一定有某些人或部门对达成组织目标举足轻重。如果你们公司未来最大的成长潜力来自亚洲市场，那么亚洲市场相关的人或单位所拥有的影响力，绝对比业绩及获利都逐渐走下坡路的西欧市场及其相关人事来得大。

哪些人关系密切？ 私人关系非常重要。CFO或许只是资深管理者的一员，但如果他与CEO的关系特别密切，他的影响力或许就会远高于同事。同样地，成为重要人脉网络的一员也可以增加你的影响力。虽然西欧市场的业绩与获利一直萎缩，但西欧市场的负责人是公司运营管理委员会的成员，因此他仍然拥有很大的影响力。这也是为什么参加公司的任务小组可能有价值的原因。

谁拥有关键专长？ 例如，负责IT部门的副总裁特别受到公司CEO的重视，因为CEO认为信息技术是自己的弱项。

步骤2：了解你团队前进的方向

听起来没有什么新意，但要画出自己的人脉网络，你必须从了解自己的团队及工作内容开始。团队主要的任务和运作模式是什么？哪些是团队的成功关键因素？关键绩效指标是什么？团队与哪些人或团队相互依存？

同样重要的是，你必须知道团队未来的目标。你的计划是什么？未来一年，你预计团队会达到哪些目标？未来三年或更长时间呢？团队的未来与今天会有哪些不同？你打算怎样带领团队？过程中可能会出现哪些变化？要创造出你理想中的未来，需要哪些资源和哪些人的支持与帮助？

步骤3：画出你的人脉网络

现在开始列出你的人脉网络中的名单（见图6-1）。

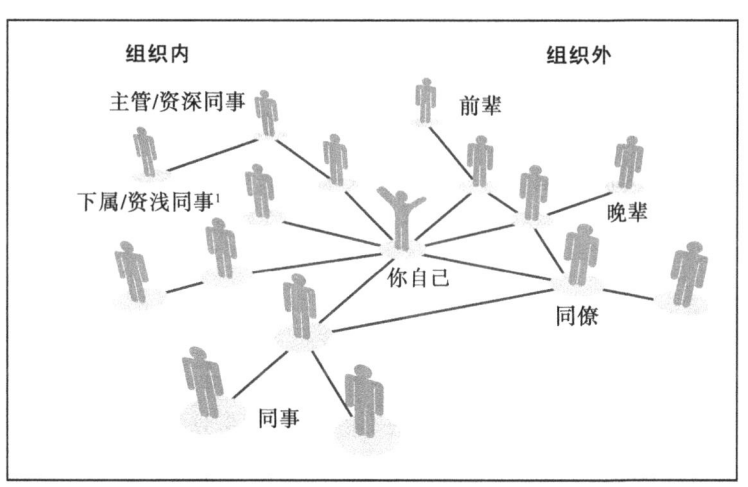

图6-1　人网网络图

找出谁该列入你的人脉网络

考虑目前及未来的需求，找出所有与你、你的团队互相依存的人或团队。问自己两个问题：

- 我和我的团队目前需要依赖哪些人，哪些人又必须依赖我们？这就是你的运作人脉。
- 我们未来需要依赖哪些人，哪些人又会在未来需要依赖我们？这是你的策略人脉。

写下他们的名字！请列出两份名单：一份是运作人脉，另一份是策略人脉。在每个名字旁边，写下你们彼此的依存关系。你们为什么需要依赖这些人或团队，或是他们为什么需要依赖你们？

列名单时，请注意一些常见的陷阱及错误：

不要只想到每天与你见面或一起工作的人。如果你的人脉网络没有考虑到未来的需要，你恐怕就想得不够完整。

多样性比人数更重要。你需要一些桥梁，帮助自己与更大的工作环境连接起来，这会让你接触到更宽广的人才、思想和资源。

加上对手或竞争者。不要排除那些曾经反对你或没有支持你的人或团体。如果你需要他们或是他们需要你，请把他们放进你的名单中。

别忘了外部资源。你的名单中是否包含了你所在组织以外需要的人？重要的供货商、客户、顾问、政府或行业团体，其他提供相关服务的人或团体。

评估你的人脉名单

首先，对着名单上的每个人问自己：这个关系对我的团队有多重要？以简单的数字1、2、3来表示：1代表"重要"；2代表"很重要"；3代表"非常重要"。

其次，评估这些关系的质量。即使你们必须应付一些很困难的问题，你们之间是否有足够的互信和彼此合作的意愿？同样地，用简单的数字来表示：1代表"有待加强，有待改善"；2代表"不见得完美，但还算良好"；3代表"关系稳固"。请注意，1代表两种可能：目前尚未建立关系；或关系存在但比较薄弱。或许是最近的一次争执让你们彼此印象不好，因而关系需要修补。在评估关系的质量时，不要只从自己的角度看，还要从对方的角度来评估。

最后，比较这两次评估的结果。看看是否有"重要性"为2或3

的关系，但"质量"却只有1，这些就是你最需要加强的地方。从长远来看，每个关系的质量都应该维持在2或3的水平，而且所有重要性为3的关系，质量也都应该达到3的水平。

这个简单的分析可以清楚地显示你的人脉质量。你有多少人脉关系尚未建立，因而只有1的水平？如果你有许多人脉关系都属于这种情况，这就表示你必须从头开始，建立新的人脉网络。

你也需要特别注意那些双方已有互动，但关系质量只有1的人脉，如果你有一些这样的人脉关系，就该问问自己其中是否有相似的原因。这能够帮助你了解自己在同事眼中的形象，或者反思自己与同事打交道的方式。

步骤4：建立你的人脉网络

现在，你必须开始创建一些人际关系，以构建起自己的人脉网络。

与人脉网络中的成员进行联系

根据你的名单，系统地联络其中的人员，强调大家相互依存的关系，告诉他们你希望一起讨论双方怎样才能建立更好的合作关系，彼此相互支持。如有可能，安排一次聚会或面对面的视频交流。

这会让很多管理者感到为难：没有急迫需要解决的问题或其他重要理由，却要主动与对方联络。你可以创造机会，积极参加你可以遇到那些人的场合或会议，或是考虑加入一些任务小组。你还可以利用网络社交工具，将他们纳入你的人脉网络，主动关注他们的博客、聚合内容（RSS），你也可以主动将自己的博客提供给对方。

建立专业与人性兼顾的人际关系。你当然希望有互信、互赖的长久关系，但若不能先与对方产生人性的联系，一切都是奢谈。如果仔细观察表现优秀的管理者，你会发现，他们的人际关系中几乎都包含了幽默以及其他与工作没有直接关系的要素，如家庭、运动、个人兴趣及其他的背景元素。但是，幽默时要小心，避免弄巧成拙，甚至会因文化差异而产生反效果。

与对方联系之前，请先了解对方的文化背景，以及他们的文化对工作关系的界定。许多文化都有特殊的礼节要求。例如，在某些文化中，大家必须先寒暄一番，才可以进入工作相关话题；有时不能刚认识就开口问对方私人问题；有些文化则完全以工作为重，一旦工作结束，关系就终止。也就是说，你如果想与他们见面，最好提出与工作相关的理由。因此，请想好一些共同目标、工作流程或其他可以讨论的议题。然后，再利用这些机会探索更广泛的对话。

刚开始的时候，有些人可能不会很快回复你的电话或邮件，但要以专业的态度持续保持联络。要争取到一个见面的时间，即使最快得等到两个月后也没关系。最重要的是，千万别等到发生问题时，才想到要跟别人联络。当你与人联络时，请记得，每个人都很忙，所以你最好准备一些他们会愿意与你见面的理由。如果你无法解决别人的燃眉之急，你就得准备好足够的热情来点燃彼此的关系。

即使是过去曾经反对过你或有竞争关系的人，你也不能逃避。不要将过去的摩擦归咎于对方的人格有问题（他们是傻瓜、白痴、自私自利的小人……），试着了解他们行为背后与工作有关的理由或利益。与他们联络时，表达你希望了解为何之前彼此之间会有分歧，而你希望能够找到化解问题的方式。在开始建立良好关系之前，要有承受非难的心理准备。

在这个过程中，不要扭曲自己，尽量保持自己与人互动的一贯风格。除非你真的天生特别内向或是社交上非常被动，除此之外，你真的不必太扭曲自己。准备一份完整的联系计划，然后有系统地按照计划一步步去执行。有些人特别会建立人际关系，观察他们的风格与做法或许有帮助，但千万不要机械地模仿。这种做法很少会成功，因为你并不是他们，但你可以选择一些合适的方法，按照自己的需要灵活运用。

当你的人脉网络及知识不断扩充时，一切就会变得越来越得心应手。认识的人越多，你就越能通过引介认识更多的人。联系人脉的能力越强，加上对组织的了解越来越深入，都会让你成为大家想结交的朋友。

运用现有人脉来扩充人脉

在建立自己的人脉时，你还可以通过已经认识的人来结识其他也应该列入名单的人选。可以多花点时间去寻找那些能够拓展你的世界、为你提供渠道的人，他们可以帮助你获得平时无法接触到的信息。

不要怠慢你的策略人脉

一旦你和你的团队有了初步的人脉计划，就可以开始打造一个有助于达成长远目标的人脉网络。这件事需要有很高的纪律性才能做好，因为它的价值必须得过一段时间才能显现出来。从你的运作人脉入手，找出其中具有长远策略意义的人。从这些人开始，再继续开拓一些目前对你没那么重要，但未来会变得非常重要的人脉。你需要更主动，而且要善于利用机会，在日常活动中——包括开会甚至公司餐厅的偶遇，来建立或重拾一些人际关系。无论你用什么方法接触他们，要说明你的计划以及你们未来可能有的合作机会。

你的态度非常重要

务必以正确的心态来建立人脉网络，因为心态将决定你所做的一切。如果你全部的心思都是"我要怎么得到我想要的"，寻求一己之私，不管你怎么伪装意图，别人还是会看得一清二楚。人脉网络的本质是得到你想要的，同时也必须满足别人的需求。因此，了解对方的需求也非常重要。不妨问一下对方："你的目标是什么？你打算怎样达成目标？你目前最重要的三件事是什么？你现在面临的最大阻碍是什么？我们能怎样帮上你的忙？"

步骤5：维系你的人脉网络

你必须经常运用你的人脉，否则它会逐渐凋萎和消失。

分享而不要囤积信息。为别人点出威胁与机会，提供有价值的信息，主动帮忙解决问题，支持别人的行动，贡献创意，提出诚实而有建设性的意见。如果你知道有人对某些议题特别感兴趣，看到相关的文章或信息时，主动传给他们。

扮演桥梁角色。如果你的人脉网络中，有些人有共同的利益或兴趣，但没有机会产生联系，为他们扮搭建梁和纽带。

打造联盟关系。组织人脉网络中追求相同目标的人，建立联盟关系或以彼此共同的利益为出发点，表达出自己的不同意见，以影响别人的决策和行动。

抓住机会进行互动。善于利用电子邮件，简单地说句"谢谢你""祝贺""很遗憾"，或任何恰如其分的话语。重要的不是你是否经常这样做，而是你有没有问自己："如果这个人现在就站在我面前，我会说些什么？"打个电话、发封简短的邮件表达心意，细心、体贴的人性化互动很重要。

定期停下脚步，评估人脉关系。随时评估自己的人脉关系。某些重要的人是否已经疏于联系？有没有需要修补或重燃热情的人际关系？

利用所有互动机会来巩固长期关系。不要只在有问题需要解决时才与人联系。进行任何沟通或协商时，不论问题有多棘手，永远认定对方和你都希望维系彼此之间稳固而友好的关系。

尽量保持坦率。要有接受批评的心理准备。"对不起""是我的错，我愿意学习"，这几句话或许平常听来没什么，但诚恳、适时地表达却可能扭转一切。

避免不必要的对抗。许多管理者将人脉关系视为良性竞争的机会，但小心，不要让彼此的互动变成逞强争胜。人们太容易落入敌我意识的陷阱中，但我们真正应该做的，是找出让所有人都能达成目标的共赢方法。

建立人脉需要投入时间和精力

现代的工作性质、环境很难让人投入足够的时间，建立及维系人脉关系。

在任务导向的文化中，责任越来越重的管理者很难有足够的时间用于社交活动。即使真的意识到这件事的重要性，一般人也不会愿意花太多时间在眼前看来毫无急迫性的事情上。

组织及工作环境的变化也让建立人脉变得更为困难。迅速组建、随时解散的任务小组，不断改变的组织架构，变幻莫测的市场环境，以及与千里之外的同事互动的需求，都让哪些人该列入你的人脉网络变得难以判断。

尽管有这么多的困难，高效能的管理者通常都会把建立坚实的人脉网络列为自己最重要的工作项目之一。他们的时间从哪里来？我们提供以下建议。

将人脉建立融入日常工作之中

正如第 1 章中所说，高效能的管理者会在日常工作和互动中建立关系。他们非常懂得利用机会，将自己放在一些特定的环境中，增加与人接触的机会，如参加外部会议。他们把关系建立分拆成许多小步骤，塞进自己每天繁忙的行程中。

你了解"弱关系"的力量吗

擅长打造人脉网络的管理者都知道,人际关系有亲疏远近之分。如果你的时间都花在打造亲密而深厚的关系,你的人脉网络恐怕就只局限于和你紧密一起工作的小圈子里,而你也将错失机会建立一个涵盖许多"弱关系"的多元化人脉。

"弱关系"是社会学家马克·格兰诺维特(Mark Granovetterz)提出的重要概念。所谓弱关系是指工作外围的人际关系,这些关系联系不同的世界,拓展你的接触面,让你可以获得特别的信息及资源。弱联系的关键优点是,它们不需要你花太多工夫去维系,也不太需要你提供反馈与互惠。

因此,你的人脉中应包含核心的"强关系"——与你一起亲密工作的人,以及外围一圈非常多元的弱关系。你可以利用弱关系来解决问题,收集信息,发掘创意,而强关系则是实际执行团队需要的工作及创意。

你会灵活运用网络工具吗

社交软件可以让人脉建立变得更容易。我们强烈建议你深入了解网络上或是公司内部的社交工具。维基社群(Wikis)及其他协同作业平台能让使用者编辑内容、上传文档、相互沟通与合作,对于建立及维系强关系非常有用。社交网站则对于维系弱关系很有帮助,它们能够让维系关系及交换、更新信息变得非常容易。博客或建立维基社群是一种搜寻信息,邀请有共同兴趣的人参与讨论,共同制作计划书、电子表格、简报文件非常好用的方式。这些工具对于成员分布各处的团队而言,几乎不可或缺。

请极力建议你的公司为同事们提供这些工具,它们将大幅提升你合纵连横、活用资源的能力,同时也能为你们节省许多时间。

你找到最适合自己的社交模式了吗

你必须发展出最适合自己的社交模式。如果生性内向，你可以多参加研讨会之类的活动，很自然地接触到更多的人，讨论彼此都有兴趣、与工作息息相关的话题。如果你很外向，你或许很容易就可以在健身房或公司的社交场合，与人建立起有用的人脉关系。

建立人脉的必要条件有哪些

建立、维系多元的人脉关系将反映出你是谁、你的动机和志向。问问自己两个重要的问题：

- 我的同事信任我吗？
- 你的同事喜欢和我打交道吗？

你必须了解这两个问题的真正内涵，答案也必须都是肯定的。

你的同事信任你吗

我们在第4章曾谈过管理者与下属之间的信任关系。"信任"同样也会决定你在人脉网络中是否拥有影响力。

就像你与下属之间的关系一样，信任代表别人相信你能够做出正确的事情，而它也同样建立在两项要素之上：你的能力与个性品质。

能力。人脉网络中的同事对你的信任，建立在他们对你的技术能力、运营能力和政治能力的认可，以及你过去的纪录与成就上。他们必须相信，你不但知道自己该做什么事，同时也知道怎么做。

但这和你与下属之间的信任有些差别。下属只需要评估你身为管理者的能力，同事对你的评估会更广泛，包括你个人的知识、能力及你的团队。如果他们对你的团队没信心，对你能力的看法也会有所保留。

个性品质。下属评估你的标准，这里也适用。你的个性品质、价值观与标准和能力同等重要。别人不只根据你的言行，还根据你的为人及意图来评估你。你必须让大家清楚地看出,你心中有个稳定的罗盘,会让你一直以诚恳、尊重的态度对待别人。

在你的人脉网络中,同事会希望你是长于团队合作的人,能够在自己、别人以及组织需求间取得平衡。他们期待你与大家站在同一阵线,而非只考虑自身的利益。也就是说,你会顾及他们以及他们的成功,你帮助他们,让他们达成目标、完成计划,你和他们分享你的人脉及资源。他们同时也希望你言传身教,并建立严明的纪律,要求你的下属展现出高度的团队精神。

与人一起工作并不容易。不是每个人都具备团队合作的能力,有些人甚至特别喜欢欺凌别人。重要的是,当你遇见这样的人时,你可以退一步,试着从他们的角度来看事情。不要立刻断言他们就是坏人、不可理喻。试着了解他们的优先级,尤其他们所感受的压力。有了这样的理解,你才能决定怎么与他们相处,找出恰当的合作方式。

不幸的是,有时你还是会碰到一些只顾自己利益、不管公司死活的人。碰到这种情况时,最好的方法就是以平和、专业的态度,直接指出他们的行为与要求不合理。要清晰地表明你希望追求整体的利益的观点,而且你也非常愿意找出一个做事的方法,让大家的利益都受到照顾。这么做当然会有风险,因为他们可能会把冲突升级,或是表面上同意合作,却另找机会私下暗算你。最后,你可能还是得找到更上层的管理者,出面解决彼此的冲突。无论怎么样,逃避问题或进行被动式的攻击从来不是解决问题的好办法。

你的同事喜欢跟你打交道吗

"喜欢跟你打交道"或"喜欢与你一起工作"并不等于别人"喜欢你"。这不是单纯的个性问题或好不好相处,而是关乎别人与你打交道的经验:你的同事是否认为,与你打交道通常都可以产生建设性的成果?

你必须自问：别人与我相处的感觉怎么样？与我相处之后，他们会觉得比之前更愉快，还是更气馁，或者是没有差别？某种程度来说，答案大部分取决于具体的情境、讨论的问题和结果，但不完全是。人与人之间的互动有一个基本的质量水平，这正是我们讨论和关心的。

我们都认识一些很难打交道的人。他们好像做什么事都带着情绪、愤怒、竞争、嘲讽或者是不断地吹毛求疵，每次和他们打完交道，你就像肚子上挨了一记闷棍。他们永远都有事情可以抱怨，言谈之间，他们永远让你觉得自己很笨或很糟糕。他们要不就是毫无耐心，要不就是尖酸刻薄。跟他们打交道，你随时都得小心提防，因为他们冷不防就会攻击你一下。我们常说与这种人打交道的"交易成本"很高，或是"很伤神"。这种人的能力经常都被他个性上的缺点抵销了。研究显示，这些"武艺高强的混球"最后常常发现自己被边缘化了，因为大家都极力避免与他们一起工作。

有一个发生在会议室里的例子。会议一直拖到中午，有人提议："我们是不是先暂停一下，吃完午饭再继续？"有人下意识地看了看表，结果引来这位的一阵讪笑："哈，又一个机器人，非得看表才知道自己饿了。"语气中充满嘲讽。而无缘无故被羞辱的人，恐怕一辈子也忘不了。这位出言伤人的人日后抱怨说，自己好像有点被孤立。虽然此人颇为聪明，专业知识也很强，但似乎没人想和他在一起。

你和别人的互动方式非常重要。哈佛商学院教授提吉安娜·卡塞洛（Tiziana Casciaro）和杜克大学商学院助理教授米格尔·苏泽·洛博（Miguel Sousa Lobo）研究指出，难相处的人即使工作能力再强，如果可以选择，大家通常都不会希望与他一起工作。想想看，如此一来，难相处的人会有多少影响力呢？

你必须问自己：别人与我打交道时究竟是什么感觉？和我互动之后，别人会觉得情绪低落、精疲力竭吗？不要以为只要专业能力够强,这就不会是个问题。专业能力固然重要,但不能弥补人际关系差所带来的伤害。

建立人脉网络是事业成功的基础,但是许多管理者都没有做好这件事。建立人脉很花时间,也不常有急迫性,而且除非天生爱交际,否则很容易让我们觉得不自在。然而,如果不花时间去建立自己的人脉,我们将无法拥有在组织中充分发挥管理者效能所需要的影响力。

下定与人建立关系的决心,以正确的态度与人互动,利用所有可能的社交工具、找出适合自己的人际互动模式,然后有系统、有纪律地建立自己的人脉。这就是我们所列出的相关步骤。

建立人脉可以为你创造更大的影响力,增加你成功的机会,让你在管理者之旅中不断进步。或许你还得忍受一点点不自在,但只要愿意下工夫,将工作建立在丰富多元的人脉网络上,你将发现谈笑用兵、乐在工作其实一点都不难。

第 7 章
不要忘记你的上司

善用与上司之间的关系

上午 11:20。彼得森发现上司雷·桑切斯在线,向他发了一个视频电话邀请。

"我可能需要更多的时间来确认我的预算数字。"彼得森说。

"这件事有可能吗?"桑切斯看来有点为难,"碰到什么问题了?"

彼得森脑海里闪过早上才整理出来的问题清单,心想:"桑切斯会有兴趣听这些问题吗?"

"没什么问题,"彼得森决定这么回答,"只是事情实在太多了,我希望能够先理出一点头绪。而且,我也还没拿到赫尔特格兰德的分析报告。"

"真希望我能帮上你的忙,"桑切斯说,"但是,财务部说预算数字的期限不可能再拖了，怀特洛也支持他们的要求。"弗雷德·怀特洛（Fred Whitelaw）正是雷诺教育机构的CEO。

"我下周一定可以提供更精准的数字。"

"没关系，"桑切斯说，"大家都有同样的问题。新星计划原来所提出的预算有什么问题？"

"我们正在评估这些数字，"彼得森说。他不知道是否应该把其中的问题提出来讨论，"我只是希望能够再准确地算一遍，确保预算目标没有问题。"

"我们非常希望你能够负责达成原来制定的那些预算目标。"桑切斯说。

彼得森心想，我必须达成原来所订的目标才算过关。"我会尽力。"他回答。

"除此之外，你一切都还好吗？"桑切斯问，"适应得还可以吗？一切都正常吧？"

"嗯，还可以吧。"彼得森说。他决定延伸这个话题，"我最近会跟罗兰还有其他几位出版人讨论教材授权的问题。"

"太好了。你们得要好好协调这件事。他们对这件事好像很有意见。"

"你在这件事上的立场是怎样的？我想罗兰一定已经找你谈过了。"

"没错，她的意见可多了，"桑切斯说，"我希望你们能够协调达成共识。你得解决这件事，你的部门代表公司的未来，但公司现在毕竟还得靠他们赚钱维持。"

彼得森心想，这又是个考验。除了达到原定的业绩目标，还得让每个人都高兴，尤其是那些认为你窃取了他们的教材、抢占了他们的市场的人。

"还有一件事，"彼得森说，"你可不可以帮我打个电话给杰克·卡维特？他到现在还没有指派任何业务人员给新星计划，我们在业务大会排不进时间进行简报。"

"彼得森，如果每位出版人需要业务人员时我都得出面协调，我就没有时间做其他事情了。这件事你们得自己解决。"桑切斯说。

"你能不能特别帮我这个忙？"彼得森说，"我之所以无法确定预算，最主要的原因之一就是卡维特。看来他好像并不打算践行自己的承诺。"

桑切斯的表情在彼得森的计算机屏幕上显得有点僵硬，眼睛也眯了起来。他的嘴唇动了又动，但就是没说出任何话来。后来，他终于开口了："这样吧，你找卡维特再谈一下，如果还是不行，你再来找我。"

彼得森心想，原来我只需要跟行踪飘忽的卡维特先生先谈一下，小事一桩。（天晓得！）

在你的人脉网络中，有一个需要特别需要关注的人——你的上司。所有管理者都会忽略或没能好好经营这个最重要的关系，以致无法从中获得最大的利益。

向上管理非常重要，因为你的上司在你的前途上扮演了非常重要的角色。在组织中善用上司影响力的理由很多，例如，获得宝贵的信息、资源，为你个人的前途争取重要支持，等等。当你面对困难的决策，或你的决策将为别人带来一些好处或伤害时，上司的建议、观点，对组织的了解，以及诉诸更高层级的能力，对你都非常重要。当组织在变幻莫测的市场中不断变化时，好的上层关系绝对有助你顺利度过种种动荡。与上司关系欠佳可能会产生严重的后果：影响力、信息、忠告、资源不足，以及缺乏未来发展的助力。最糟的情况是，你可能发现自己完全孤立，受到忽略或排挤。你的管理者旅程可能因此陷入泥沼，事业偏离正轨。

为什么与上司的关系比较难处理

有两个原因：第一，作为上司必须扮演两个相互冲突的角色——支持与评价，两种角色的矛盾常常会带来困扰；第二，我们经常无法摆脱过去与权威相处的经验，因此也为处理自己与上司的关系增加了不必要的难题。

如果过去是明星员工，你到了管理者的角色上之后，恐怕也会觉得比较困难。作为表现杰出的员工，你过去可能没有太多与上司互动的经验，因此也未能培养出担任管理者后必须拥有的向上管理能力。

你把上司看作教练，还是裁判

你落在一个两难的情形。你的上司不仅是你在工作及事业上的一大助力，同时也负责评价你的绩效。把他当成教练，获得指导，你就必须向他坦陈自己的不足和需求。但这样一来，又可能让身兼评估者的上司误将你的缺点认为是缺陷。面对这个两难情况，许多管理者常常选择隐藏自己的缺点。他们容易把上司视为威胁而不是盟友，因而错失了寻求帮助的机会和好处。

上司的双重身份是否也让你感到困惑？你倾向于将上司看成是裁判员吗？你是否觉得这样比较安全？这是可以理解的，却未必对你最有利。

你该怎么办？答案是，不要只把一种角色套在上司的头上。相反，将教练与裁判的身份视为两个极端，上司的角色会因时、因地制宜。刚开始时，先用一些没什么风险的事情，测试上司提供帮助的意愿与程度。这样，你就可以知道他通常会在什么样的情况下，以何种方式来扮演教练而不是裁判的角色。了解他最重视哪些管理能力，是规划能力、决断力，还是建立共识的能力？然后确保自己培养出并充分表现这些能力。

你在现在老板的身上看到以前老板的影子了吗

在第 4 章我们讨论到,有些下属有可能会把自己从前与权威人物相处时的负面经验投射到你们目前的关系之中。现在情况可能刚好相反,因此你也必须仔细检查自己的态度。

你对目前的老板感觉怎么样?你通常对权威及拥有权威的人会有什么反应?如果从前的上司大都让你很受挫折,未能符合你的期待,你就成了过往经验的受害者。那些经验可能误导你对现有上司的看法,除非你对这些情绪有所认知,否则你将完全被过去的经验所挟制。

另一方面,你也可能会过度服从权威。过度、毫不质疑地顺从,也是行不通的。对权威采取这种态度的人从来不敢反对上司的意见。即使自己是对的,他们也不会挺身捍卫自己的想法或利益。

过度反抗或顺从权威,都会让你无法对上司产生正确的认知与了解,因而阻碍了你从良好的关系中获得工作及个人最大利益的机会。

你和上司之间是相互依赖的伙伴关系吗

你认识到你们的关系实际上是相互依赖的吗?你的老板依赖你,也需要你的认同与支持才有可能成功。就像你不希望过度依赖下属,你的上司可能也不希望过度地依赖你或其他下属。

请将你们的关系视为唇齿相依的伙伴关系,彼此合作才能成功,但也必须能够影响、帮助对方达到最好的表现。你们之间的关系绝不平等,但它也绝非单行道,你通常也拥有一些空间,可以主动创造出对双方都有利的伙伴关系。

盘点你与上司之间的关系

你们目前是伙伴关系吗?你和上司能够好好坐下来,建设性地讨论工作吗？如果不能，原因是什么？

不要以为你可以大幅度改变上司的想法或行事风格。大多数情况下，你最多只能让他朝着对你比较有利的方向偏一点点，这就很不错了，你真的不可能改变太多。

以下几个问题可以帮助你评估、改善与上司之间的关系。它们还可以提醒你可以采取哪些行动。

你的表现符合上司的期待吗

建立良好关系的关键，就是达到上司对你的期待。

绩效。你和上司的关系建立在你的绩效上。而且，重要的不只是绩效结果，还包括你达成绩效的过程。如果你真的达到了绩效目标，但上司却得整天听别人抱怨你怎样逼迫别的团队，他恐怕也不会认为你的表现"达到预期"。

信息。绩效不是上司对你唯一的期待。你是否让上司随时了解你的工作进度和情况？要弄清楚老板想要知道哪些事情。有些上司什么都想知道，有些则讨厌细节。总的来说，没有一个上司喜欢意外，或是在自己应该知道的事情上显得无知。过与不及之间，你宁可选择过，也不要不及。许多上司希望知道的信息远比他们口头上要求的要多，所以，通过经验找到真正的平衡点。也要弄清楚上司喜欢以哪种方式获得信息，电子邮件、书面报告、当面汇报，还是视频电话？

支持和忠诚。你的目标是与上司建立互利的伙伴关系，你需要表达某种程度的支持与忠诚。正如你希望自己能够获得上司的关怀，你的下属希望获得你关爱的眼神，你的老板也需要你的关心与支持。

放宽心胸，全心支持，即使你与上司的意见并不相同。为了协助他成功，你必须全力支持，但也不要忘记表达自己的不同意见。有些人很瞧不起"忠心耿耿"这四个字，抛开盲目的忠诚，忠诚确实可以为你赢得偶尔提出质疑或不同意见的空间。只在表达反对意见时才肯开金口的人，通常都没有什么影响力。因此，当你真的很同意上司的意见时，也要大声说出来。

切勿以牺牲上司为代价来获取自己的利益。你们是命运共同体，必然生死与共。你的目标是提升双方的效能，请努力帮助上司发挥他的长处，克服或避开他的缺点。

你的上司信任你吗

信任是所有人际关系的基础，你与上司的关系也不例外。他相信你会做出正确的事情吗？如果你觉得老板经常事无巨细地监督你的工作与言行，原因可能是你还未能与他建立起真正的信任关系。建立信任的第一步就是针对何谓"正确的事情"，与上司建立起清晰的共识。

你们对目前形势的认识是否一致？ 确保你和上司对于团队目前所面临的挑战及应该如何应对，有清楚的共识。如果你觉得有必要做重大变革，但上司却希望维持现状，你就需要尽快解决彼此的意见差异。

你和上司对你和团队的目标是否有共识？ 有份明确的计划很重要，你有吗？你已经和上司一起讨论过这份计划了吗？计划中是否清楚说明了应达成的目标及期限？要确保你的上司了解并同意你的目标及计划，最理想的状况是，他也参与了这些目标与计划的制订。

当接到分配的任务时，你会与上司沟通彼此的期望吗？ 别让你们的关系变成单行道。如果上司的要求不合理，但你却接受了，日后当你的团队真的无法达成目标时，你只能怪自己。了解上司的期望并达成一致，清楚地列出团队应该完成的任务，何时应该达成什么目标。从一开始就处理好这件事，然后定期汇报。若有任何潜在风险，事先向上司说明，并清楚告知自己可以采取哪些方法应对。

你了解上司这个"人"吗

我们很容易忘记,平日扮演权威角色的上司也是个和你我一样的人,他也有自己的期望、理想、挫折、强项、弱点及恐惧。背景、培训及经验造就了他,他也有个人的生活,家庭、家族背景、信仰、社交、政治观点和爱好。你对他的了解够多吗,足以让你站在他的视角来看这个世界吗?

你了解上司的管理风格吗

你的上司有自己的目标、计划、压力,以及管理上的优缺点、偏好及盲点。你对这些事情了解吗?你的上司最重视的事情是什么?而他的上司又要他达成什么目标?

你知道自己上司的决策风格吗?你是否努力配合他的风格?他依赖大量的数据和分析吗?做决策前,他喜欢深思熟虑吗?他喜欢听取所有人的意见之后再做决定吗?如果无法配合他的管理风格,你会事先与他清楚沟通自己的做法吗?

你了解并尊重上司的管理风格及工作模式吗?有些老板喜欢在讨论前先看到书面分析报告,有些管理者则希望大家先进行讨论,表达观点,然后再将结论整理出来。有些人希望拿到详细的资料,其他人则只想知道重点。有些人喜欢事必躬亲,其他人则只需要定期报告,除非有问题,否则别去找他。

当你去见老板时,你期待他给你建议还是直接告诉你答案?我们认识一位管理者,她的上司总是会以更多的问题来响应她提出的问题。最后,她终于明白:"我去找他之前,自己要先有一些基本想法。这样他就会积极与我讨论,甚至可以花上一整天的时间与我讨论怎样解决这些问题。"

你是否会直接把问题丢给上司,然后期望老板来帮你解决问题?

许多上司很讨厌这种下属。你应该做的是，与上司见面之前先想清楚自己的问题，完成分析，想好可能的解决方案，以及他可以具体响应的建议。

你能说出上司的优点吗

许多管理者喜欢将注意力放在上司的弱点上，滔滔不绝，而且经常跟自己的同事谈论。他们很少主动发掘上司的长处，这非常可惜，上司的长处才是你应该善加运用的资源。不管你的上司有多少缺点，他一定有一些优点，不要再轻蔑地说他的长处就"知道怎样在组织里出头"。就算是这件事，一定也有诀窍。你知道如何运用这些诀窍，让自己的工作更有效吗？

你了解自己的需求与期望吗

请跟上司讨论你的需求，不要让他猜。他可以做些什么来帮助你？提供资源？争取其他团队的支持？减少不必要的责任？提供更明确的方向？

同时，也想想你比较喜欢的工作模式，以及你对管理者的需求，比如更明确的目标、特别的协助、持续性的指导或一定程度的自主权，但你要清楚界限在哪里。测试管理者与你讨论的意愿。当你的需求与上司的管理方式有差异时，务必讨论这些分歧。如果你们之间的分歧隐含着一些风险，尽早沟通，不要拖延。我们很容易低估回避冲突可能带来的风险，以及随之而来的被动式攻击要付出的代价。非语言的沟通，像你的表情、行为、身体语言、音调，常会透露你对上司真正的感受，而且可能慢慢侵蚀这个重要的人际关系。

你与上司讨论过自己的职业生涯规划吗

上司不必为你的事业及个人发展负责，但如果你能朝有助于自己以及他的成功方向发展，对他也最有利。你可以从上司那里获得建议、指导、对工作表现及优缺点的反馈意见，甚至可以从上司那里了解别人对你的看法，获得有助于自己成长或发展的工作任务，以及参加培训课程或其他学习计划的机会。

要获得这些好处，你必须先让上司了解你的学习意愿。然后，你们必须对于你应该发展哪些能力有所共识，如人脉建立、工作规划、绩效管理或评估下属表现的能力。你的期待必须合理，而你也必须为自己的成长与发展负起责任。不仅如此，上司所承受的时间及工作上的压力可能都不亚于你，而且不幸的是，许多管理者都不太习惯扮演教练的角色。你提出的要求越明确越好，例如，你想参加某个培训课程，或是需要他在某个问题上为你提供建议。

你了解上司的文化背景吗

研究指出，不同的文化对于权威人物会有不同的期待及互动模式。有些文化强调参与式管理，有些则习惯威权式管理；有些强调管理者应该积极主动、有主见，有些则期待管理者谦虚有礼。比较一下彼此的文化，当你发现和上司之间因为文化差异而有一些期待上的落差时，要有坦诚沟通的准备。

你能适应与多位上司共事吗

如果你不只向一位管理者负责，请小心经营与每位上司的人际关系。这些上司都依赖你和你的表现，如果没有你和你的团队，他们几乎无法达成各自的目标。你必须接受他们的目标都不同，而专注于达成不同的目标是公司给他们付薪水的原因。你的责任是在他们不同的目标及优先级中做出最佳的取舍，以便达到公司利益最大化。如果你和某些上司属于间接从属关系，不要以为你就可以等着他来找你。我们认识一位管理者，他因为忽略了与他相隔五个时区的全球策略管理者之间的互动，而在绩效评估时吃了大亏。这个朋友以为那位上司会主动提出自己的需求，不料那位上司一直在等他主动联络。

若有必要，你应该与隔得远的上司安排固定的联络时间与方式。可能的话，固定向所有上司提供同一份报告，简要说明自己最近即将为他们每个人及全体进行的工作。每位上司都会看到你正在做的所有事情，如果某位上司想要深入了解某件事情，你可以给他提供单独的报告。

管理多位上司很花时间及精力，但好处是，他们代表了许多不同的资源。让每位上司都了解你有很多位老板，而你也必须在这些多元关系中做取舍。与他们讨论时，尽量让他们了解某些取舍的原因。例如，仔细说明你的某个决策背后的逻辑，以及其中所反映的取舍，看看他们是否同意你的判断。若可能，尽量让他们对你的期待趋于一致，以免常常必须面对冲突的指令。如果不同的上司所提出的要求出现互不兼容的状况，邀请他们共聚一堂或一起开个视频会议，并主动建议解决问题的方法。你必须为自己的成功创造所需的环境，而且大家都期待你采取对公司整体最有利的行动，他们认为你应该负责管理好这种多元关系。

如何管理有问题的上司

目前为止，你可能觉得所说的都有道理，但不过是理论而已，因为你可能碰到了真正的问题上司。或许，他是个实际上或心理上的"缺席老板"；或许，他一心只顾及自己的成功；或许，他根本能力不足，既不了解自己的工作，也分不清轻重缓急；或许，他只看重结果，根本不管你和其他人的死活；或许，他毫无影响力，无法为团队争取任何急需的资源，因为他并未建立有效的人脉网络。

缺席老板是无法满足下属需求的老板。或许他们身在别处，极少与下属互动，又只顾着忙其他事情，没时间管理下属。有些管理者的直属部下实在太多，根本无暇顾及任何人的个别需要。

碰到这种上司，你可以采取几种策略。设法让你们的互动与他们真正关心的事挂钩，善用与他们仅有的互动机会，简单扼要地以书面或电子邮件定期向他们报告，适时提醒他们一些重要的问题；你也应该和上司的幕僚建立关系，这样当你有问题时，通常可以通过他们快速地获得上司的响应；如果能够掌握上司的行程，你甚至可以在会议之间拦截到他。

有些上司的问题出在他们满脑袋只有自己的需要，严重时，他们甚至对此浑然不觉。他们缺乏安全感，只从自己的角度来衡量事情。对于身边的人，他们的第一个问题一定是："他们支持我还是反对我？"他们非常害怕失败。

碰到这种凡事只顾自己的上司，你必须学会从他们的角度来看事情。对他们而言，这是充满敌意与危险的世界。找机会真心称赞他们的表现或成果。努力寻找向他们表达同理心的机会。当他们提出不错的想法时，明白表达你的支持。要说服他改变心意最好的方法就是，让他觉得你在护卫他的名誉或保护他不受难堪。别奢望他们会称赞或嘉奖你的知识、创意或成就，他们甚至会窃取你的功劳。当他们请你"诚实提出自己的意见"时，千万小心，他们想听的绝不是批评。

心地善良但能力不足的上司，则会带来一些不同的问题。如果他们知道自己有所不足，事情都还好办，但无知与盲目的自信通常相伴而生。你可能需要与同事共同携手来面对这个问题，同时要有心理准备，你们可能需要一路帮助、教育自己的上司。

完全目标导向的上司可能需要别人不时提醒他们有关组织及同事的问题。他可能会完全忽略像人力成本之类的考虑。请主动提出问题，争取必要的关切。然而，这种一心追求目标的心态不太可能彻底改变。如果你能大力支持他的目标，并不忘随时提出合理的建议或变通方法，最后的结果可能就会好些。

当然，这些都是短期的应付方式。你应该仔细评估维持与上司的关系所需付出的代价和好处。长期而言，你恐怕必须找出其他的解决办法。幸运的话，你或许可以不必经常碰到这样的问题老板。

至于其他类型的上司，你绝对应该努力与他们建立起互利的关系，主动与他们进行以上所列举的重要沟通。没有上司的支持，你很难成功；与他为敌，你的成功毫无指望。永远记住，你的下属也面对同样的问题，让你对上、对下的从属关系，能够互相成为鉴诫。

不少管理者会忽视上司这个潜在的资源，请你不要犯同样的错误。要负起责任，扮演一个积极的角色，与上司建立双赢的伙伴关系，不要把自己看成一个被动的、没有任何腾挪空间的下级。你们之间完全可以建立积极的、相互帮助的关系，要对此深信不疑。

第二篇总结：人脉管理评估

你对自己更了解了吗？为了团队的成功，你是否已准备好要开始打造自己的人脉关系？

以下问题将总结第二部分的重点，并协助你评估目前的表现，了解自己还有哪些地方需要改进。

你是否经常检讨哪些人应该列入你的人脉网络？

你是否针对团队在组织内外所依赖的人或团体，以及那些依赖你们的人或团体，进行有系统的评估？

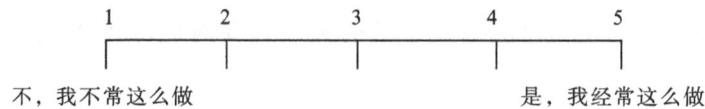

你是否经常根据组织、大环境、使命、目标及计划的变动，不断评估自己的人脉及人脉中的人际质量？

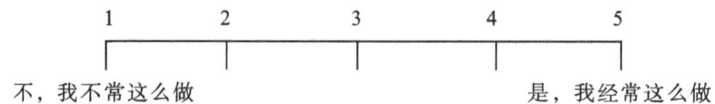

你是否积极主动地建立并维系自己的"运作人脉"？

你是否发展并经营自己的运作人脉，也就是团队完成日常工作所必须依赖、接触的人或团体？

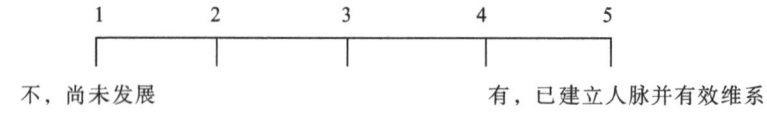

你是否主动、持续了解与支持运作人脉中重要成员的需求？

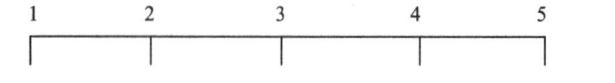

你是否经常找机会与运作人脉中的成员联络？

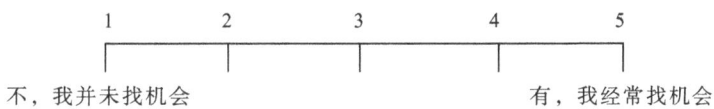

你是否积极主动地建立并维系自己的"策略人脉"？

你是否发展并经营自己的策略人脉，也就是在目前或未来有助于你和团队达到长远目标的人或团体？

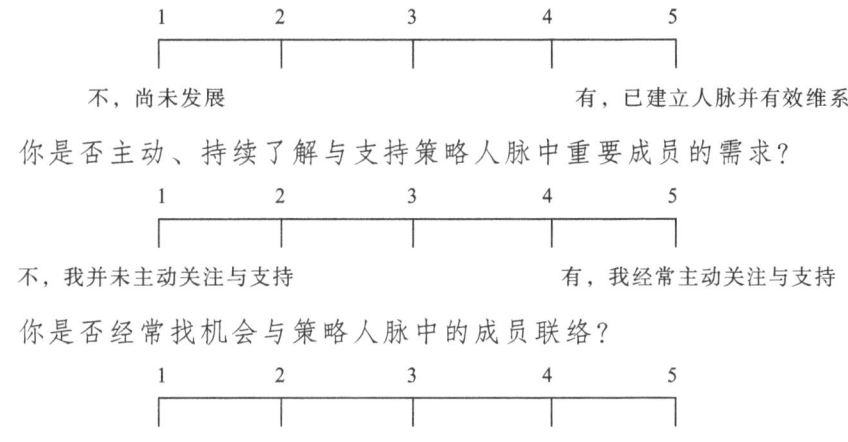

不，尚未发展　　　　　　　　　　　有，已建立人脉并有效维系

你是否主动、持续了解与支持策略人脉中重要成员的需求？

不，我并未主动关注与支持　　　　　有，我经常主动关注与支持

你是否经常找机会与策略人脉中的成员联络？

不，我并未找机会　　　　　　　　　有，我经常找机会

你是否善用人脉来保护团队，为他们提供所需的资源？

你是否能保护团队成员免于不必要的干扰，积极为他们解决问题？

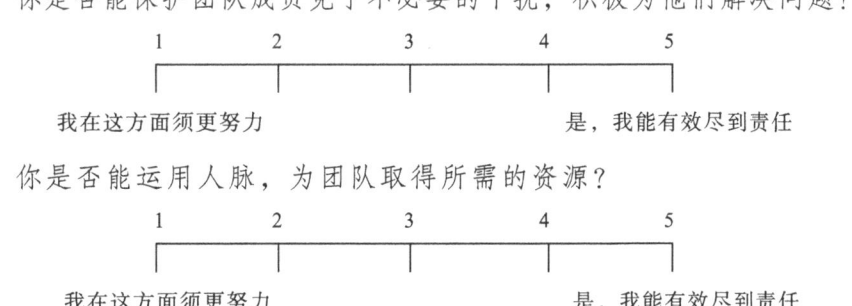

我在这方面须更努力　　　　　　　　是，我能有效尽到责任

你是否能运用人脉，为团队取得所需的资源？

我在这方面须更努力　　　　　　　　是，我能有效尽到责任

你是否积极运用人脉来达成团队目标？

你是否能在人脉中寻求协助与合作，完成团队目标及计划？

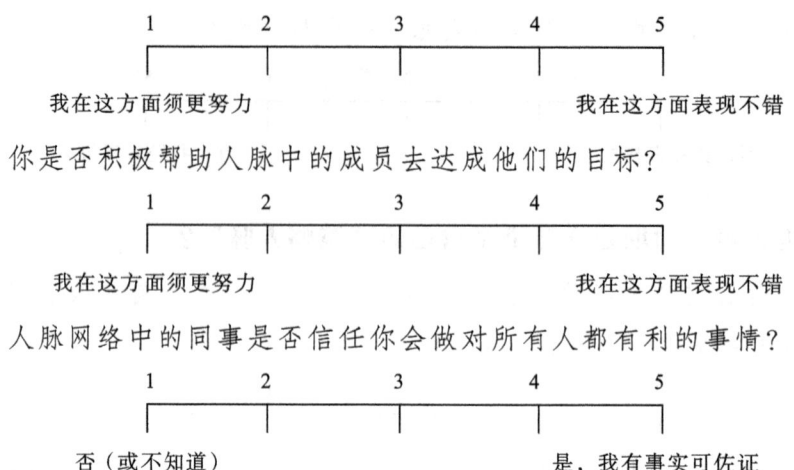

你是否积极帮助人脉中的成员去达成他们的目标?

人脉网络中的同事是否信任你会做对所有人都有利的事情?

3

BEING THE BOSS

第三篇
团队管理

注意,这里我们将转移重点。在第一篇和第二篇,我们着眼于管理的人际方面——通过你和其他人的关系来实施影响。在第三篇,我们走得更远,因为有效的管理远远超过人际互动,它需要发挥系统的力量,通过这个系统你可以影响别人。

管理者应当基于系统来打造团队,而不能过于依赖自己与员工的关系。系统提供了一个重要的互动环境,能够帮助你影响团队中每个人的工作,不仅仅是那些直接为你工作的人。当你取得进步、管理更大的群体、担负更大的责任时,通过系统影响你的间接下级的能力将变得越来越重要。

群体不等同于团队。为你工作的是富有战斗力的团队,还是仅仅集合在一起的群体,或者是乌合之众?如何打造一支高绩效的团队?这正是本篇要探讨的内容。

第 8 章
为未来做计划

管理瞬息万变的世界

中午 12:15。彼得森与罗伯特·卢汉在街角一家小酒馆共进午餐,这是彼得森本周第一次外出吃中饭。这次碰面很重要,因为卢汉是一个新的关键人物。

卢汉来自阿根廷,之前在 IFTE 及联合国教科文组织工作多年,因此与许多发展中国家的学校都有非常密切的接触。他在彼得森就任新职前一周也刚加入新星计划。

身为负责校园关系的主管,卢汉必须与参加新星计划的学校进行日常联系,提供行政作业、考试、认证以及每个课程的相关辅导内容。他到任时与信息部门及负责市场营销的苏尔合作设计了一套网络流程,支持那些学校和学生。

聊完了各自的背景及家庭状况之后,彼得森问卢汉:"你在工作上有没有什么问题?我也才刚到任,但我会尽量回答你。"

"根据这两个星期以来的观察，我心里确实有一些问题，"卢汉说，"第一个问题是，新星计划真的很重要吗？"

这可不是彼得森预期中的问题。

"当然，"彼得森说，"新星计划对公司非常重要。它是新的产品线，而且可以为雷诺打开非常重要的新市场，也是我们用传统业务模式一直无法顺利开展的市场。"彼得森复述了新星计划的商业计划书中的内容，"事实上，我们期望新星计划在未来几年内，为公司的成长提供超过30%的业绩。"

彼得森仔细观察卢汉的表情，以了解自己是否回答了他的问题。卢汉依然保持安静，所以彼得森决定继续讲。

"你应该比我们其他人都了解新星计划的原动力——发展中国家在学习及教育上的需求很大，但当地学校无法满足，尤其是技术职业教育方面。发展中国家急需一批具备技术及知识的劳动力，来协助推动社会基础建设，促进国家繁荣，并带来一切相关的好处，如国民健康、社会稳定、文化水平提高等。换句话说，我们是在帮助这些国家走出贫穷。"

彼得森仿佛在发表演说，卢汉却听得聚精会神。彼得森当然相信自己所说的一切，但大家不是早已知道了吗？而且，卢汉不应该是所有人当中最清楚这件事的吗？

"谢谢你，"卢汉终于开口了，"我还有另一个问题。"

"请说。"

"加入新星计划的这两个星期以来，为了全盘了解情况，我找了许多人聊天，从来没有人跟我谈到过这计划的重要性，不论是对公司或是对发展中国家的学校及学生。除了原始商业计划书，我在相关资料里也找不到这些东西。大家好像早已将这个计划束之高阁，丢在书架上积灰尘了。"

卢汉从自己带来的文件夹里拿出一份资料，彼得森一眼就认出那是新星计划的原始商业计划书。卢汉打开它，开始读起来："通过与发展中国家的教育机构合作，为它们提供世界一流、易于取得而且价格低廉的技术职业教育，协助发展中国家推动经济成长及社会发展，同时也为公司开拓一片成功的新事业。"

"为什么我们平常听不到大家谈起这些事？"卢汉继续说，"大家似乎都只顾着自己手上的工作，签下一些学校，推出第一门课程。"

"你说的没错，"彼得森说，"我也从来没有听人跟我谈起过这些事情。"

"我所交流过的人里面，"卢汉说，"没有人提到我们工作背后的真正意义，好像没人看得到自己与这些重要的业务和社会目标的联系。如果工作时大家都能了解我们正在携手达成的终极目标，岂不是更好吗？或许这样大家也会合作得更愉快一些。"

你和团队知道自己的终极使命吗？你们有没有一起定义、沟通过自己的终极使命，以及达成这些使命的步骤？你们追求一个清楚的使命及明确的目标吗？你们平常是否会讨论这些事情？

这件事非常重要，但许多管理者却说自己通常只是被眼前所发生的事情拖着走，他们并没有根据自己的长期目标做决策或行动。他们只是努力应付眼前的事，走一步算一步，只要事情可以顺利走下去就好。

毫无疑问，为未来做准备并不容易。预见未来、做出精准的预测几乎是不可能的任务。面向未来做规划与执行眼前的工作之间，常常让多数的管理者觉得难以取舍。

本章所要讨论的内容，就是身为管理者的你应该怎样为未来提前做准备，包括：为何你别无选择，只能努力往前看；定义未来的好处，一份"规划"（也就是顺利达成目标所需的路径图）必须包含哪些关键要素、几项重要的原则；怎么样带领你的团队顺利通过未来必然会遇到的变化和挑战。

你为什么必须思考未来

许多管理者都未能很快认清，他们的责任绝不仅限于帮助团队在今天顺利运作，同时也必须面对未来，并对团队未来必须交出的成果负责。

你觉得自己必须为未来负责吗？请务必关注未来，因为未来必然不同于今日。原因有三个：

你自己希望能够有所不同。 你和你的团队都希望百尺竿头更进一步，让速度更快、成本更低、质量更好。你想成长，期待创新。

组织希望你们能够有所不同。 或许组织正在发展新策略，而你们所服务或依赖的人，也就是你的人脉网络，会不断改变。

不管你喜不喜欢，外在力量正不断改变你所处的世界。 即使你仍然做着和以前同样的事情，但你所处的环境一直改变，你也必须跟着改变。你只有两种选择，努力向前或等着被淘汰。

为这些改变预做准备就叫"做计划"，但计划并不是一张写了日期的工作清单。做计划的意思是去定义并积极打造自己想要的未来。这就是许多人所谓的策略性思考（strategic thinking），而不只是技术性思考。

策略性思考强调长期目标，以及如果你要在未来达成这些目标，你所需要思考的重要事项。策略性思考的意思是你必须问一些非常基本的问题："我们真正想要达成的目的是什么？""我们是否应该改变自己的基本做事模式，有没有更好的做事方法？"或是"我们未来将会做什么事情，那些事情与我们现在所做的工作将有什么不同？"另一方面，"技术性思考"重视的则是短期问题，专注于怎么能在符合期限、预算、质量标准的情况下，达成眼前的任务。

策略性思考是资深及高级管理者的事？我们完全不同意。任何层级的管理者都必须从团队的角度去进行短期与长期、技术性与策略性的思考，这就是为什么你的计划绝不应该只是一份近期的工作计划表。

计划界定了你和团队所做工作的意义和背景，描绘了你想要的未来和你创造未来的策略。简而言之，计划是你身为管理者所做的每一件事的基础。"做计划"或"计划"包含以上所有要素，而非躺在书架上堆满灰尘的笔记本。

定义未来的好处是什么

好处有很多。

使工作产生意义和使命感

团队成员会清楚地看到大家正在携手做一件有意义的事情，因而创造出共同的使命感，所有高效能团队都具备的"同舟共济"情感。

我们很容易受有意义的使命或目标吸引，多数人也都希望参与有崇高意义的事情。《伟大管理的12要素》一书指出，盖洛普的调查发现，83%的人认为"人生有意义"对他们"非常重要"，另有15%的人则说这件事"很重要"。也就是说，高达98%的人都觉得"人生有意义"很重要。这件事对你或你的同事重要吗？最可能的答案是："重要。"

同一份调查也显示，在所有接受调查的行业中，只有不到50%的员工认为自己的工作和公司的目标有紧密的联系。不论小群体或大企业，大多数的组织都因未能有效建立工作的使命感以及工作的意义，而错失了重要的机会。

一些管理者说："有些行业确实比较容易看出工作的意义，如医疗或教育，但多数行业并非如此。"每当我们听到有人这么说时，就会想起一家宠物饲料工厂的故事。当这家公司要求员工写出使命宣言，也就是他们工作的终极目标时，员工所写出的宣言中并没有用到"卓越"或是"最优秀"的宠物饲料这类的字眼。宣言是这么开头的："宠物对人类非常重要。"这些员工生产的显然不只是宠物饲料，他们是为家有宠物的人创造快乐。

任何工作都可以很有意义。前述的调查也发现，不是以"增进人类福祉"崇高意义闻名的零售业、金融业及化工业中，至少有25%的人强烈地认为他们的工作非常重要，公司的存在很有意义。不论直接或间接、当下或长期，几乎所有工作都会为某些人或某些群体带来福祉。请找出这些顾客或最终用户，以及你们为他们所创造的价值。这样你们的工作意义就已经差不多清楚了。

一位医院管理者发现，当他告诉大家，清洁人员是医院"疾病感染控制小组"的一员时，所有清洁人员都变得非常以自己的工作为荣，工作质量也因此大为提升。他们觉得自己参与了非常重要的工作：保护病人及医护人员免于感染。

没有任何工作是毫无意义的。找出工作的意义并广而告之，可使一份工作变成一项使命，而不再只是更上层楼的垫脚石或养家活口的生计而已。

在工作场所，团队的成员有时很少面对面聚在一起。明确的使命是将大家凝聚在一起的黏合剂。

为团队成员提供共同的目标和方向

具体的目标让我们在有形的现实世界中掌握抽象的工作意义，同时也能满足人的基本欲望，投身于既有挑战性又有意义的工作中。明确的目标可以帮助团队成员齐心协力朝着共同的目标挺进，打造出"我们是一个整体"的感觉。2001年，希尔与玛丽亚·法卡斯（Maria Farkas）在《团队工作流程》的研究报告中指出，只有目标明确的团队，才能创造出强烈的内部凝聚力，将群体变成一个真正的"团队"。

另一个好处是，做规划的过程可以让团队成员间的文化差异及代际差异显现出来。一旦差异浮出水面，团队就有机会讨论、解决这些差异。同样地，拥有一份明确的计划也有助于不同团队之间的彼此合作。

让自己专注于最重要的事情上

计划能够让你在做决策时考虑的更为周全，为你提供架构、准则，让你知道怎样分配资源、做出选择，帮助所有人将注意力放在最重要的事情上。计划让管理者知道应该特别关注、介入、深度参与哪些事情。善于管理或具有策略思维并不代表你可以完全放手，而是你应该密切掌握"正确的事情"，也就是最重要的策略及工作，却不必亲自挽起袖子去做，或严密监控每个人的工作。

能带来信任与影响力

用"目标"来争取资源非常有效。想想你的上司会作何反应？一种是你告诉他："我需要增加一个人手。"另一种说法是："增加一个人手，我们就能够达到年产出增加50%的目标。"清楚知道目标的人或团队一定比其他人更具影响力，尤其当他们的计划与整体组织的目标一致时，更是如虎添翼。

减少冲突

正如第5章所说，组织中可能会产生破坏性和建设性的冲突。以一个有意义的使命及目标为中心来制订计划，定义未来，将有效减少

"政治游戏"及破坏性冲突。如果组织中的所有团队都觉得自己是为了共同的使命在奋斗，使命感就可以成为组织的黏合剂，协助克服团队之间的差异。相反地，如果缺乏共同的使命，组织中将出现"肥了你就会瘦了我"的心态，进而引发破坏力十足的政治斗争。

是策略人脉的基础

如果未能做计划，你将无法掌握未来的需求及优先级。没有这层了解，你就不会知道或许哪些人或团体，虽然在今天对你们并不重要，但在未来却影响甚至决定了你们的成败。

界定工作范围的从属关系

计划可以让工作变得实际而明确，尤其能够理清每位团队成员的责任范围。你们之间的关系就是要去共同完成这计划。同时，你的计划也可以成为赢得下属信任的基本要素。完成一份精彩的计划足以展现你的能力及个性品质，而能力与个性品质正是建立信任关系的基础。拥有明确计划的管理者，显然能够赢得更多的信任。

帮助你应对不可预见的变化

这也是一个悖论：即使环境的变化让你无法顺利完成原来的计划，但做计划"绝对"值得，因为缜密思考未来的过程将让你对无法预见的事有所准备。后来当选美国总统的艾森豪威尔将军在1944年领导盟军登陆诺曼底，并因此改变了第二次世界大战的欧洲战局。这项行动计划极为精密而复杂，艾森豪威尔总结说："写好的计划不重要，制订计划的过程才重要。"几乎没有任何计划在实际执行时一点都不需要改动。如果你在计划过程中缜密思考，仔细想过所有可能发生的状况及其应对方式，你一定能够比较从容地应付任何突发情况。

促进虚拟团队成功的关键要素

在一个办公室工作的团队会因日常的接触而产生联系感,共同的使命感与目标则是虚拟团队最重要的凝聚力。通过定义未来,你为虚拟团队创造了工作的背景,它有助于你和团队成员建立正确的关系。

如果你是生产部门的管理者,计划可以帮你取得个人工作成果与管理责任间的平衡。生产管理者很容易冷落自己的管理责任,因为他们个人也有工作成果的压力,而这比担任上司的责任要来得具体且紧急得多。

因此,千万不要把你的计划仅仅看作是一份放在书架上的文件。做计划是很好的集中精力、对工作进行取舍、管理时间和精力的方法,对你和你的团队的工作影响深远。一份好的计划能够让你做"正确的事情",也为处理日常工作提供了准则和框架。

你和你的团队是否已定义出未来?你已有了一份计划吗?这计划正扮演着我们上面所说的关键角色吗?

成文和不成文的计划

太多的管理者和组织都将计划想成死板的书面文件。我们强烈建议你要将计划诉诸文字,因为这会帮助你与别人沟通自己的目标,但请不要以为这份书面文件就是你的"计划",它只是一些你对"未来"思考的具体内容而已。

"不成文计划"涵盖的内容,绝对比诉诸文字的计划内容广泛得多。它存在于你的脑海之中,是你对自己的使命、未来的方向,为何你要朝着这方向走,以及你将怎么样抵达目的地的思考与认知,这些思考仍然不断在演化。

当你的思考内容越来越清晰,有足够的自信可以与人分享甚至公开提出时,你的想法就需要变成一份正式的文件,也就是"计划"。

这份文件或许看起来很完整，但它永远只是你对未来思考的一小部分。你对未来的所有思考可以称为"不成文计划"，用来与你不时会提出的一些正式书面计划或文件相区别。可以将书面计划看作是不成文计划的部分"快照"。

成文计划涵盖的内容通常较短，如一年，有时长达数年。然而，你的"不成文计划"思量的却是长远的未来，其中许多事情依然非常模糊。即使你仍无法看清，但你还是得尽量往前看，探一探远方到底是乌云罩顶，还是晴空万里。当模糊的未来越来越靠近、事情越来越清晰时，你就可以开始把清楚的事情逐一纳入你的成文计划中。

成文计划包括具体的目标、重要的阶段、行动步骤及明确的责任归属；不成文计划所包含的多属直觉想法、大概的目标、大方向，以及大致的优先级。随着时间的推移和持续地收集资料、测试想法及做法，许多模糊的概念会变得清晰，笼统的会变具体，不成文的逐渐变成白纸黑字。

你的不成文计划也将包括你对团队成员的持续评估的过程。身为管理者，你必须不断评估团队成员承担眼前工作及未来责任的能力，这些评估有时你会记录下来，有时不会。

你的不成文计划同时也将包括你对人脉的想法及其形成的过程，包括他们为你当前及未来的计划提供支持的能力。未来你对你的同事将产生哪些需求？他们会对你产生什么新的要求？你的计划将怎么样改变你的人脉，哪些人该列入？计划的运作模式是什么样的？哪些人可能会反对你的计划，为什么？这些思考的结果，有些也会慢慢被你纳入各种书面计划之中，但也有很多不会。

不成文计划的两个层次

第一，它既未诉诸文字，也还未经表达。这时，它们只是一些想法、概念、可能性、潜在目标及优先级、片段的信息、直觉或意念，停留在你的脑海、笔记本、随手留下的片段之中。即使如此，这仍是非常重要的阶段，你必须连续不断地收集各种形式的新信息，从各种不同渠道得到数据、意见、印象甚至小道消息，这也是你需要建立起策略人脉的原因之一。

第二，虽仍未诉诸文字，却已经可以提出来讨论。这些想法如今已成熟到你可以提出来与自己的团队或人脉进行讨论，这时你也可以开始非正式地记录下来，以便与人分享讨论。

鼓励别人尽量表达出心中的直觉反应及意见。最好的计划通常都在不同的想法及多元信息的冲击之下，慢慢成形。许多软件平台在理念分享、集体协作、促进计划成形方面极有帮助，因此对这个阶段也特别有价值。

总之，成文计划只包括你思考过程中较为明确具体、焦点清晰，且经过深思熟虑可公诸于世，挂着"计划"二字，成为一份正式文件的想法。不成文计划则是你和团队对于怎样实现未来的所有思考，从模糊的直觉到可以粗略诉诸文字的想法。正式的成文计划呈现确定的行动、纲要，而不成文计划则是一些尚待确认的可能性，而且还会经由你从经验中的持续学习，以及与其他人的讨论，不断地演化、修正。最后，不成文计划中的许多内容将慢慢被纳入各种正式、公开的书面计划之中，但也有很多不会。

请务必记住：付诸文字的计划只是你前瞻思考中比较具体的一些成果，你还必须不断地在脑中反复思考，或与他人讨论其他各种可能性。

成文计划的三大要素

每个组织都会做计划，从单纯的年度预算到极度复杂的战略预测。每个组织也都有计划制订的流程。因此，我们不会告诉大家应该怎么做计划，而是向大家提出定义未来的三大要素，好让大家能够按照自己的组织流程加以灵活运用。如果你所在的组织并不要求你们必须提供这些关键信息，请你还是务必为你自己、你的团队，以及你的人脉、同事准备这些内容。

成文计划的三大要素包括：

（1）清楚说明现状——现在在哪里。

（2）明确界定未来——准备去哪里。

（3）完整阐述你将如何行动——如何从现在走到未来。

一般而言，你应该会按照以上的步骤来思考，但请注意，这些步骤其实是一个循环。思考每个步骤时，你所得到的响应都可以继续帮助修正、调整你的计划。

1. 清楚说明现状

大部分组织都会忽视或低估这个步骤，因为它们以为大家都应该很清楚自己的现状，这大错特错。请在计划之初就清楚说明自己的现状，不只是你们的工作内容，还包括为谁而做，为何而做。如果你的目标是创造一个以使命为本的计划，这就是你的第一步。

利用以下问题来帮助你理清自己及团队的现状：

你们从事的工作是什么？ 仔细说明团队的工作内容，包括主要工作职责和绩效目标，如营收、成本及其他用来评估目前工作绩效的指标。

你们为谁而做？ 谁是你们的顾客？哪些人必须依赖你们或因你们的工作而获益？哪些人不是你们的顾客？你们不打算为顾客提供的利益是什么？

你们为什么做——根本目的是什么？ 你们所提供的价值、意义是什么？为什么你们做的事情很重要？你们的工作对组织有什么意义？

对达成组织的整体目标有什么贡献？回答这个问题时请特别注意，因为这关系到你们存在的意义。如果你们今天从地球上消失，明天的世界将会有什么不同？哪些人会受影响？你们的存在有什么重要性？

你们如何做自己的工作？你们的工作是如何组织的？团队成员的责任如何划分？有没有其他方式可以更好地达到目标？为何你们选择目前这条途径？

你们目前面对哪些问题？哪些挑战让你们目前无法充分发挥效能？你们目前的应对方式是什么？

以上这些问题你都有答案吗？与你一起工作的每个人都同意你的答案吗？与其他人分享、记录这些问题及答案，正是引导他们产生认同感及使命感的第一步。如果你刚接任一个新的管理职务，回答这些问题对于认识你自己的工作及使命也会很有帮助。

试着从局外人的角度来看你的团队，从每个利害关系人的角度来审视以上那些问题。也就是说，如果你的团队今天从地球上消失，明天他们的世界将会有什么不同？

2. 明确界定未来

以最积极、正面的态度来思考自己的未来。你希望的未来是什么样子？当然，你的行动及一些无法掌控的外部力量将决定未来实际的发展结果，但你并非完全受制于这些力量。你的行动绝对可以产生很大的影响。

计划未来时，不要以目前的状况为当然的起始点，这将局限你对未来的想象，让未来仅仅变成当下的延伸。你应该做的是发挥想象力，直接跨越到你想要的未来，仔细形容那个世界的样子，然后再想出方法来从现在跨越过去。

不要只从别人对你和你团队的期望来思考未来。你应该思考的是，如果你的团队能够放手冲刺，他们"可能"达到什么样的境界，你们可能会获得哪些机会？

当你想象自己的未来时，注意两个重要的时间点：一年以及长远的未来。对大多数的企业而言，三年是比较合理的"长远未来"，有些企业可能更长。请以上述两个时间点为基准来回答以下问题。

哪些力量将塑造你们的未来？你的团队、组织、产业及市场中有哪些趋势及力量将会为你的世界带来重大改变？市场正在转变吗？你所处的组织正在改变吗？你的顾客正在做什么？他们正在进行哪些改变？竞争者呢？你不可能清楚地定义未来，你的目标是理清方向，确定"应该走这个方向，而不是那个方向"。思考同时要注意问题与机会。针对主要的改变力量进行各种沙盘推演，这些力量可能造成的最佳及最差的状况是什么？你将怎样应对？

例如，如果你所处的产业对石油依存度极高，你就应该考虑油价涨到最高点及降到最低点时的情境。也请特别注意你的公司或组织的走向，以及这些走向对你的目标、策略及计划可能产生的影响。当你眺望远方，努力发掘那些可能塑造未来世界的力量时，你的策略人脉尤其是弱关系，就异常重要。

在未来的世界中，你们将从事哪些工作？请先考虑未来世界的改变，以及你对自我改善的期待，再仔细定义你和团队心目中理想的未来。在那个未来世界里，你的团队会实际从事哪些工作？尽可能明确形容你们未来的工作内容，以评估目前工作绩效的各项指标来预测未来的表现。若有需要，你也可以增加新的指标。

你们将为谁、为何而做？你们的使命会改变吗？你们的顾客或最终用户将是谁？未来，哪些人会依赖你们，或因你们的工作而获益？你们会为未来的顾客提供哪些新的价值？你们的工作对于这些顾客为何重要？你们将拥有相同的顾客群，但他们的需求会有所不同，还是未来你们将有完全不同的顾客群？

你们将如何开展工作？你们未来工作的主要方式为何？你们将怎

样分工？如果没有特别的力量逼迫你们未来非改变不可，请问问自己：如果有机会重来，我们仍会以目前的方式工作吗？

你们未来的工作与组织的需要有什么关联？你们的组织会不断转变、发展，你们的工作对达成整体组织未来的使命与目标将有什么贡献？

你们未来将面对哪些最为严重的问题？有哪些挑战可能会让你们未来无法充分发挥自己的能量？某些不在你控制之内的力量，将可能为你们带来哪些阻碍？你们将怎样应对？

未来最可能出现哪些重要的机会？未来有哪些你可以善加利用的重要变化或发展，如科技的创新、法律或政府规范的改变、产业的整合？

如果我们把未来看成一张照片，其中有些部分会很清晰，其他部分比较模糊。没有人可以完整地描绘出未来的样貌，如果你们的工作本质就与创新有关，你们甚至连未来的发展方向都很难预测。若是如此，定义你们的使命，了解你们的工作对未来的重要性，就会变得十分关键。

定义未来是管理的核心工作之一。组织及团队都必须靠你来带头往前看，想象未来的可能性，找出威胁并为团队及他人提出预警，动员整个团队来应对，并在保持稳定与进行变革之间进行权衡。

3. 完整阐述你将如何行动

只有清楚定义未来，你才可能开始思考如何从现在跨越到未来。

为了打造未来，你应该做什么？哪些力量或趋势可以为你创造机会？你如何处理阻碍你的力量？

"如何从现在跨越到未来"就是你的"计划"，可以带领你到达目的地的策略、步骤及工作事项。

"如何从现在跨越到未来"和"明确界定未来"之间，界线通常有点模糊。事实上，最好的方法就是在两个步骤之间不断地来回检验，以各式各样的测试来确认结果，或干脆让大家做一些不同的尝试。

先从小事开始试起，找出想法背后的假设并加以测试。另外，也请测试你的想法：与几位顾客或最终用户进行交流，实验性地采取一些行动，制作一些实验品给顾客试用。从小规模的行动开始、即兴反应，看看会发生什么情况。太多的混乱当然不好，但无视世界的变化，一味以不变应万变也是万万不可。

我们在这里看到另一个悖论：管理与制订计划既需要秩序，也需要混沌，而你的工作就是了解何时应以何者为重。最重要的是，不要把自己关在小房间里"猛做计划"。相反地，你应该像前英特尔总裁、芯片大王安迪·格鲁夫所说的那样："让混沌丛生，然后掌握混沌。"

要实际绘出迈向未来的路线图，请问问自己下列问题。

在确认自己想要的未来之后，你觉得未来的工作将与现在的工作有哪些最大的不同？找出哪些改变是绝对必要的。你的工作本质也会有所改变吗？你会有新的顾客群吗？你的工作方式会改变吗？预估未来的工作表现。你的营收会增加吗，增加多少？不要忽略工作中较难衡量的层面，比如你的基本使命，或是你的工作可以为别人带来什么好处。

哪些重要策略和关键工作项目，可以创造出你所要的改变？成功通常来自专注于一到三件最重要的工作。你的关键工作项目是什么？如果你的目标是要提升营业额，新增的营业额要从哪里来？你会卖出更多产品给现有顾客，还是会开发出一些新的产品或服务，以吸引全新的顾客群？这些就是团队中每个人都必须专注的核心策略、关键工作及优先事项。

许多管理者从计划之初就喜欢自己有意识、缜密地想出整套策略。但比较可能的情况是，他们所选择的策略其实是在不断尝试不同的方法，仔细观察各种结果之后才慢慢形成的。

每个策略的关键行动步骤和里程碑是什么？ 行动步骤及里程碑可以帮助你了解自己有多少进展，是否需要修正，甚至重新思考自己的目标及策略。

每位团队成员所扮演的角色是什么？ 让每位成员的角色都与你所设定的目标、重大改变以及策略紧密相连。你要让每个人都能看到自己的工作与整体团队表现的联系，以及为了创造出大家心目中的未来所需要的工作关联性。

你会需要哪些新的能力，你如何获得这些能力？ 团队一定会需要一些新的知识、技能甚至新的价值观。你有两个选择：聘用新成员或培养现有成员。最有可能的情况是双管齐下。

先盘点现有团队成员的能力，然后再评估执行策略及计划需要哪些能力。两者之间的差异会告诉你，你将需要培养或取得哪些新的能力。

一旦进行以上这三大步骤，你就可以开始问团队成员以下的问题，并从每位成员口中得到非常一致的答案：我们所要追求的关键目标是什么？哪些关键策略或工作可以让我们达成这些目标？

你自己的计划和你公司的计划

多数公司需要所有的经理人有个计划。在我们的经验中，这样的计划常常落后于我们前面所定义的。公司的计划典型地着眼于业务的财务方面，换句话说，就是它们的预算，因为它们的目标是帮助公司实现财务目标，很少注意是什么产生这些数字。在我们的路径中，数字、指标是关键的，但它们不是必需的终点。相反，它们是表达你所尽力创造的现实的一种方法。要着眼于数字背后的现实以及是什么创造了这种现实。

如果你的组织的计划主要是财务方面的，你仍然必须理解这些数字背后的目标和战略,即使它们还没有广泛地沟通,它们是你工作的背景。你需要通过和你的上司交流,使用你的人脉网络(遥远的弱关系的价值),研究公司网站和文件,并看看外部分析师的评论,来深入了解这些背景。

要像我们描述的那样为你的群体、你的网络,包括你的上司准备一份书面计划,极有可能,它可以成为你公司所需计划的基础。如果你公司也需要我们没有提到的信息或要素,当然你也必须囊括它们。

如何定义未来

根据一些资深管理者的经验,你在思考未来时,应该考虑以下这些问题。

你邀请他人参与计划的制订了吗

不要独自上山苦思,然后带着一份刻在石头上的计划下山。思考未来时,你必须同时考虑别人的想法。团队运作的意思是:你必须发展出一个对所有成员都具有吸引力、愿意共同奋斗的未来愿景,一定要将身在异地的团队及人脉成员也纳入其中。

让你的上司也充分参与你的愿景打造过程——不只是拟订书面计划的过程,还包括计划尚在你脑中演化的整个过程。让他成为你的伙伴、有影响力的盟友、重要的信息来源,为你提供所需的指导及未来相关的各种想法。

做计划时,也让你的人脉资源参与其中。与你的人脉成员分享你的愿景,和他们谈谈他们的计划,无论是成文的还是未成文的。

过程中你运用了新科技吗

在你打造成文或不成文的计划时,新科技扮演了极为重要的角色。如果你们的组织允许，你可以用一些社交网络工具及协作平台来发展你的计划，从提出、分享对未来的想法，建立共识，拟出比较清晰的未来愿景，一直到提出打造愿景的计划，包括策略、步骤、里程碑、责任分工及优先级等。你也可以利用新科技来追踪计划进度，持续讨论使命、目标及达成目标的方法。

你对新信息及改变持开放态度吗

你应该持续收集新信息，测试各种假设，尝试新方法，搜寻可能的问题及机会，对周遭所有的新事物保持开放的态度。对所有事情保持怀疑的态度，包括你自己对未来的一些假设，要一再地测试、确认。我们不是要大家为改变而改变，但你需要以开放的态度面对变化。

你留意到文化的差异了吗

如果你带领多元文化的团队，请务必考虑不同文化对你的计划及执行过程可能产生的影响。文化影响着我们是否能够掌控未来的基本信念，以及我们如何看待截止日期的重要性，在团队成员开始共事前先联络感情的必要性，对不确定性和混乱的容忍度等问题的看法。

了解团队成员之间的文化差异，也别忘记，即使来自相同的文化背景，成员之间也可能会有很大的差异。清楚地讨论文化上的差异，谨慎处理不同文化所带来的不同期望。例如，如果某个工作期限特别重要，你或许应该特别慎重地进行沟通或提出要求。

你能更专注于机会及优势吗

我们见过太多管理者将自己定位在解决问题及追求完美上。你当然应该要解决问题，追求完美也是许多人的理想，但你的责任是在当下及未来交出应有的工作成果。这件事必须靠发掘机会、善用优势来达成，包括找出成长或成长更快、降低支出以及开发新市场的方法。重点是，成功几乎必然是来自找到少数真正重要的机会，而且能够运用自己的优势把握机会。你当然应该找出那些可能会伤害到你自己或团队的缺点，但也千万不要把"消灭所有弱点"当成自己最重要的目标，或认为"解决问题"就能带来你所想要的未来。

带领团队改变

你的计划必然会为你的团队及工作带来某种程度的改变，即使是极为困难的技术上的改变。有些改变可以通过团队中现有的知识、分工、技能及价值观来达成，但有些改变做起来并不容易。要完成这些特别困难的改变，团队成员必须发展出新的知识及技能，承担新的角色，改变工作的基本架构，适应新的价值观，同时还要放弃熟悉的工作模式。带领同事进行各式各样的改变是打造未来的关键工作，但要带领他们通过一些根本性的改变，却非常困难。

困难来自于每个人都必须做出改变。改变当然会带来抗拒，但人们并非天生抗拒改变。如果可以自由选择，有多少人愿意每天吃、穿同样的东西、衣服？又有多少人会因为生活得有重大改变而拒绝乐透的庞大彩金？

人们害怕的是"损失"。人们之所以抗拒改变，是因为害怕改变可能带来的损失——他们目前拥有的影响力、辛苦得来的知识技能、人际关系、奖励，甚至是原来对某些同事、朋友、家庭、某位人生导师或某些族裔、宗教、企业团体的忠诚。许多改变都可能带来损失的威胁，并考验你的管理能力。

假设团队提供的某种服务，业绩突然大幅下滑。打听的结果是，市场上出现新的竞争者，对方的服务与你们非常类似，价格却低了20%。你请团队成员一起讨论这个问题。刚开始时，有些成员不敢置信或是质疑：哪有人能够以这么低的价钱提供质量类似的服务？有些人则开始担心：我们怎么可能打败这种低价战略？有些人甚至开始抱怨顾客的忠诚度，坚持要维持原有的质量标准。这个情况挑战着你们最基本的业务理念，你们需要的恐怕不只是小小的调整。

你必须精准掌握改变的本质，帮助团队打破现状，朝新方向改变。

改变的本质

成功的改变包括以下三大要素：

改变的流程。改变必须通过一连串步骤完成，这些步骤中包含了许多不同的活动、决策、制度、会议、沟通、行动以及工作方式。把这些步骤想象成一个必须整合所有其他元素的流程，最终达到一个好的结果。

不满。除非对现状不满，否则一般人不大愿意改变，这就是为什么重大的改变通常都需要严重的危机来促成。但危机的代价很高，因此最好在情况变得危急之前，先制造出对自己的不满意。然而，一般的不满并不足以成事，除非大家能够看清楚自己的行动与令人不满的现状有什么关联性，否则它们永远都会认为那是别人的问题，自己不需要做任何改变。

更好的方向。要改变，大家必须先对未来有美丽的憧憬。不满是让人愿意离开现状的推力，美好的未来是促成改变的拉力。困难的改变既需要推力，也需要拉力。

现在，我们已清楚地看到，权威无法创造改变，你无法命令别人忽视自己所害怕的损失，或规定大家要对现状产生不满，或要求大家觉得未来一定比较吸引人。你只能刺激、鼓励大家这么想。要改变，大家必须有自觉。

创造不满的感觉

在缺乏真正危机的情况下，要创造出对自己不满意的感觉，最好的方法就是利用信息与讨论。

在以前的例子中，你和团队成员或许可以仔细研究竞争对手所提供的服务，访谈一些转投竞争者怀抱的顾客，并进行深入的市场研究。这些行动可以让你们知道问题有多严重，根据所得信息说服你的团队非改变不可了。

你也可以通过培养持续改善的文化，或建立标杆学习的制度，要求团队持续将自己的表现与别人进行比较，来创造出对自己不满的感觉。这些方法可以让大家即使在业务表现良好的时候，依然油然生出不满的感觉或改变的需求。一位矿业公司管理者的团队获利表现屡创新高，他的获利主要来自大宗物资价格的上涨，而非过人的生产力或工作效率。于是，当这位管理者将团队目标从"提升获利"改为"降低成本"，团队将自己的成本与竞争者进行比较之后，立刻发现自己还大有改进的空间。

当然，有些人仍会心存抗拒。请认清，身为坚持推动改革的人，你必然会引起某些人的反弹或不满。你的责任就是要解决问题，不是吗？有些人甚至会说："我们的问题并不是竞争者，而是自己的领导人。"如果你真的认为自己的工作就是为他们解决所有的问题，你可能就会傻傻地吞下这些指控。这是个严重的认知陷阱，如果不幸落入，问题真的很快会变成你，而非竞争者。

当人们抗拒的时候，保持讨论就是关键的了，这也是过程之所以重要的原因。你需要一些论坛，使得分析和讨论得以继续。当你谈论的时候，你的任务就是使群体聚焦于问题及其真实性，而不是聚焦于你或其他回避改变需求的容易的方法。你的口头禅必须是："我们面对的是现实，它不会走开，我们必须处理它。如果我们一起面对它，我们就能解决它，并找到一个解决方案。"不让大家采取逃避的方法，需要巨大的耐力和坚韧。

当大家的口径开始变成："我们真的碰到问题了，这是我们的问题，我们得找出解决的方法。"你就知道，真正的不满出现了。这时候，他们已经准备好，可以好好坐下来，认真地讨论自己该做些什么改变。

找出更好的方向

所谓"更好的方向"，就是一般人口中常说的"愿景"。一般人对改变及管理的想法是，负总责的管理者你应该要想出一个愿景，然后成功推销给所有同事。你应该对大家振臂疾呼："跟我来！我知道我们该往哪里去！"

对某些挑战及改变而言，这个方法确实可行。当你们所面对的挑战非常直截了当、大家都看得很清楚时，或当你的团队已经具备应对挑战所需的知识、技能、价值观及工作方法时，你和你的团队确实可以迅速地达成共识、找出方法、设定目标、集结资源，快速采取行动。

然而，其他挑战（比如需要你的团队应对低价格的竞争者）更加困难，这个解决方案就不是那么清晰明了。没有平坦的前进道路。为了找到方法，你必须让所有的利益相关者参与，包括你的团队和人脉，特别是你的老板，每个人都将带来不同的经验、专长、需求和目标。在这个阶段，所有的相关人员承担了对这个问题的责任。现在你的挑战是继续讨论并联合大家开发一个共同的愿景。

你们的目标是定义出更新、更好、能有效解决目前问题的未来，同时理清你们将如何达到这个目标。当然，没有人可以定义出一个面貌清晰、巨细无遗的未来，但你们确实需要共同的愿景，吸引大家的行动指引，同时也需要提供足够的学习空间，容纳新的想法，应对不断改变的世界。

对如何前进的这些讨论将不可避免地产生冲突，这是好事。人们将提出极其不同的方法，并强烈地捍卫他们的职位，因为他们害怕丧失重要的东西，比如工作、地位、关系或身份。只有通过具创造力、建设性的意见碰撞，好的创意才会慢慢出现，并受到彻底的检验。因此，不管有多困难，你必须在团队中创造出表达意见及充分讨论的空间。

让你的团队专注于应对挑战、解决问题。谨慎处理冲突，让冲突富有创造性、与工作相关，而非变成个人恩怨或暗藏破坏性。流程越痛苦，越想逃避、便宜行事、抄快捷方式，把问题丢给你的人就越多。再说一次，绝不可以让自己变成问题！

未来的愿景非常重要，但它一定得来自整个团队的集思广益，才会成为一个不论怎么样困难，大家都会全力以赴的共同愿景。

花心力在改变的过程

真正的改变不可能一蹴而就，或不需任何过程。过程必须透明、公开，事先让大家都明了信息将在何时、怎样被汇集，何时将进行哪些分析研究，何时大家有机会表达或测试自己的想法、意见、感受；还有，决策将在何时定案，而决策的方式又是怎么样的。

沟通、沟通、再沟通。改变及决定怎么样改变的过程都是慢慢浮现的。你无法事先决定过程的所有细节，但你却可以不断与大家沟通整个流程的进展，更好的方法是，让大家都参与其中。许多管理者奉行"沉默是金"的圭臬，他们的理由常是"我们还没做出决定，无可奉告"。请务必让大家了解整个过程及其中所有的进展，不论对或不对，沉默常被解读为冷漠、无能甚至居心叵测。

让大家参与其中。我们从一开始就不断强调让所有人参与整个改变过程的重要性。应该参与的人包括了所有必须改变及可能受到改变影响的人——你的团队成员、人脉成员，当然还包括你的上司。你或许不必邀请上司参与每次讨论，但他绝对必须同意你对问题的分析，并认同行动的必要性。他甚至还可以提供一些想法，而你在某种程度上也必须尊重他的意见。随时让他掌握状况，视他为伙伴。必要时，请他代你向更高层或组织中的其他部门要求协助。

与你的人脉网络建立盟友关系。如果改变的范围超过自己的团队，邀请你的人脉网络协助评估问题、寻找解决方案、提供支持。支持的力量通常来自盟友，也就是与你志同道合、认同你的改变及改变方式的同事或团体。

带领同事完成艰难的改变，正是非常重要的打造未来的能力。太多管理者将自己视为改变的执行者或对象甚至是受害者，但管理就是要让自己成为发起改变的力量。

身为管理者，你最重要的工作是发展出一个你和团队都希望拥有的愿景，并领导同事实际达成愿景。做计划是一种思考模式，而非偶一为之、最后产生一份名为"计划"的正式文件。其实，这份文件应该只是阶段性的成品，背后是一个永无止境的流程。一份清晰的未来愿景，正是身为管理者的工作开展的基本架构。

第 9 章
建立明确的团队运作规范

塑造正确的团队文化

下午 1:45。午餐后,彼得森决定散个步,仔细琢磨一下自己和卢汉刚才的聊天。

"我们为什么不多谈谈新星计划的使命?我们做的事确实对大家都非常有益处呀!"彼得森心想。

到了公司,他又先跑去卡维特的办公室,希望见他一面,请他赶紧指派业务同事给新星计划,并在业务大会中抽出一点时间给他们。卡维特人在办公室,但正在忙,彼得森决定等他几分钟。他开始和卡维特的助理聊起自己可能得在伦敦为孩子们找学校的问题。

下午 2:00。新星计划在波士顿的编辑助理卡西·吴来了一封邮件,她想约下周的时间跟彼得森通个电话。邮件只有短短两行字,彼得森反复读了好几遍。约时间正式通电话?

似乎是个不祥之兆。彼得森想起，她可能想辞职，因为她和塔塔之间有严重的争执，塔塔坚持卡西·吴应该听命于他，因为他是新星计划的资深编辑。彼得森回了封信，给了她几个可能的时间。

下午 2:06。彼得森拿起塔塔给他的有关 IFTE 的资料，开始阅读。

下午 2:09。卡维特的助理来电："千万不要说是我告诉你的，下午 4:30 到公司后面的吸烟区，你会在那里碰到卡维特。建议你让他先抽几口烟再去打扰，他的反应会友善得多。"

下午 2:14。彼得森听到外面大办公室里有人正在大小声。他起身跑过去想看一看。

声音来自苏尔的座位，一群人正挤在她的计算机前面，包括塔塔、布拉德肖、卢汉和杨。他刚走到大伙儿的后面，就听到布拉德肖正扯着嗓门说话，接下来则是塔塔。

"你不能用这些内容，"塔塔说，"你必须先取得人家的授权。如果你这样直接偷用人家的教材，我们还怎么跟别人合作呀？"

"这只是宣传品。"布拉德肖说，他是网络制作部门的管理者，"我们并没有在销售这些内容，没有人付钱给我们，它只是这门课程的宣传数据而已。"他的声音里明显听得出，他的愤怒与挫折感正直线上升。

"这只是简介而已！"苏尔的声音里掺杂了辩护与安抚，"这不是真正的课程内容，别人不会那么在意的。更何况，我们昨天就应该把这些宣传内容交给网站部门了。如果今天再不给他们，我们就会错过这次网站的更新了。我们为何不先用一下呢？"

"因为在介绍'程序设计导论'时,我们确实使用了一些未经授权的内容。这份数据介绍的是我们根本无法提供的课程内容。"

"好吧,"布拉德肖说,"那你何不干脆告诉大家,为什么我们无法使用这些内容?"

"因为拥有这些内容的出版单位并没有授权给我们。"

"为什么他们没有授权呢?"

"我不知道,我想他们应该是自己想要使用这些内容。"

"那他们为什么没有使用呢?如果他们自己不去用这些内容,让我们来用,又有什么问题呢?"

"他们应该觉得我们会成为他们的竞争者。"塔塔说。

"真的吗?我们的课程只会提供给发展中国家的学校使用,那又不是他们的目标市场。"

"他们觉得我们会阻碍他们进入那个市……"

"拜托,"布拉德肖说,"让我来告诉你真正的问题出在哪里吧。真正的问题出在你,你没有尽到设计课程并且取得相关教材内容的责任,你就是没那个勇气去……"

"好了!"彼得森走进人群里。每个人都转过头来,看着他。"布拉德肖,你有点过分了。"

布拉德肖满脸通红,声音凝结,眼中满是怒气。塔塔低头看着地上,惊魂未定。苏尔则张着嘴,眼睛从布拉德肖身上转向彼得森,再转回去看布拉德肖。

"讨论到此为止,"彼得森说,"布拉德肖,请带着宣传人员跟我到会议室来。塔塔请在15分钟后来会议室,其他人请在20分钟后加入我们,也请通知那些现在不在场的人一起来。"

彼得森直接等在一旁。吉姆·杨和罗伯特·卢汉一声不响地闪回座位，塔塔头也没抬地安静离开，苏尔赶快低头继续看自己的信箱，布拉德肖则跟着彼得森走进会议室。

如果团队中对于谁该做什么，大家该以什么方法做事，彼此怎么配合，以及团队的表现究竟怎么样，全都摸不着头绪，哪有人可能把什么事情做好？

虽然使命与目标好像更重要，但这些问题却不可小觑，因为它们正是你的团队文化。如果没有正确的文化，团队成员就不太可能会为自己的工作负起责任，或全心投入自己的工作，为整个团队的使命与目标奋斗。

文化就是团队的基础建设，正如社会的基础建设——交通、教育、法律和规则、治理和贸易等体系，这些基础建设规范着整个社会的运作。基础建设本身并没有任何生产力，却可以让所有其他事情都动起来。团队文化就像基础建设，可以让整个工作动起来。不能建立起正确的文化，团队所做的一切恐怕都不会成功。

文化对于建立团队成员之间的信任关系非常重要，因为它界定了团队成员对彼此的要求与期待。我们说过，信任就是"认定一个人能够做出正确的事情"，而文化就定义了团队中的"正确的事情"。

正确的文化减少冲突，提升团队生产力。前述管理的悖论会在团队中制造出许多冲突。团队文化则可以为你界定出处理这些悖论的方法，包括个人与团队之间的紧张关系，或是大家在工作方法上的分歧等。

文化能够让你卸下直接下令的重担。有了对的文化，你可以开始运用团队的共同期待、价值观及工作模式来激励同事。你不必再告诉同事："做这件事，因为这是我的命令。"相反地，你会说，"做这件事，因为这是大家对你的期待"。文化是一个关键的体系，让管理超越你和下属之间的个人关系。

文化是一种不需要依赖人际互动的管理工具，团队文化可以帮助你有效管理那些不直接隶属于你的团队成员，发挥间接影响力，帮助你将影响力扩及自己的直接管辖范围之外。

请注意，文化是用来提升团队绩效，而非让大家高兴的。正确的文化可以提升团队的工作效率及成果。事实上，一个高效能团队的成员不见得随时都对自己的团队感到很"满意"，但他们却非常在意它的表现，希望自己对团队的成功能够卓有贡献。

规则的明确性很重要

打造、维系一个团队文化必须包含四大要素。你不可能将自己想要的文化强加于团队，但你可以大力影响它的形成。身为管理者，你必须确保文化的四大要素非常明确：

- **个人角色的明确性**。谁负责做什么，每个角色对团队的使命与目标应该有什么贡献。
- **团队运作模式的明确性**。建立工作制度、规范及流程。
- **团队成员合作模式的明确性**。建立彼此合作的模式及价值观，以规范团队成员彼此之间的互动。
- **进度的明确性**。为整体团队及个别成员提供工作表现的反馈，让大家清楚地了解自己和团队的工作成果，以及团队运作的成效。

明确性很少自动出现，需要付出努力才能保持。团队中的关系及角色（尤其在快速变化的组织里）常会不自觉地越变越模糊。保持明确性，防止明确性降低是管理者工作中非常重要的一部分。

保持明确性很不容易，因为其中包含了另一项悖论：一切事情既要明确（也就是"在我们这里是这么做事的"），又得在快速变迁的环境中保持弹性。在秩序感、稳定度、可预测性与弹性、变通性、适应性之间保持最佳平衡，绝对是永无止境的挑战。

团队的使命、目标以及它所想要创造的未来，正是团队文化的基础，因而必须非常清晰、明确。团队的计划则界定了完成当前及未来工作所需要的角色。与你的团队一起打造、理清你们的团队文化时，请随时检讨、参考你们的计划，因为团队文化与团队的计划是无法分割的。

团队成员需要清楚了解自己的角色

你的每位下属都需要知道：

我应该做什么？ 如果一个人根本搞不清楚自己该做什么，拥有多少行动或决策的自由，或别人期望他交出什么成果，他怎么可能对工作产生责任感或努力工作？

我的工作对团队使命有什么重要性？ 创造这种关联性非常重要，要让每个人都感觉到自己是重要的、有价值的团队成员。

我的工作如何与团队中其他成员的工作相联系？ 要创造出最高的工作效能，团队成员必须了解工作伙伴所扮演的角色，不同角色之间怎么样互补、配合，以及彼此之间应该有什么样的期待与要求。

你不可能消灭所有的暧昧与模糊，也无法预见所有可能的角色混淆。你也不应该创造出一堆巨细无遗的职务说明，因为你希望大家在必要时都愿意帮别人分担责任或勇敢扛起一些分外的工作。

创造具有吸引力的工作

当你为团队成员分配职务时，请注意你所创造出来的是什么样的工作。以下的问题有助于你创造出有吸引力的好工作：

- 这份工作与整体团队的使命及目标有明确的关联性？
- 这份工作会鼓励同事努力运用并提升自己的工作技能？
- 这份工作是否"完整"？有开始、结尾、最后还会产生一份成果，让当事人可以指着说，"这是我做的，这就是我对团队的贡献"？
- 同事有机会接触到"顾客"，也就是真正使用你们的产品或服务的对象？
- 同事对自己的工作享有某种主导权：计划的拟订、工作时程、工作速度的控制等？
- 同事拥有具体的绩效目标及绩效数据来了解、追踪自己的工作表现？
- 提供某些升迁的可能性？

你们团队中的工作是否符合这些条件？

建立团队的工作模式

这部分的团队文化与怎样完成工作有关，包括所有经常性的事务，如开会、进度报告、工作报告、计划、分析、检讨、标准作业模式、重复性的活动、工作流程、谁可以做哪些决策、各种程序及步骤，如收集及分析资料的步骤等。

让这些必须一再重复进行的"工作方式"成为清楚、明确又保有某种弹性的制度，而且要确保每个人都了解。

这样的一个系统能有助于确保一致性，并避免混乱和冲突。客户的抱怨如何处理？我们如何在项目范围内沟通变化以确保每个受影响的人都知道这些变化？如果团队成员都了解团队的工作方法，他们就不必每次都得自己去想解决方式，同时也知道别人碰到各种状况时会采取哪些行动。

拥有一套工作制度也可以确保重要的事不被遗漏。许多重要但不太紧急的事，如拟订计划、分析研究等，常被一些紧急但却不那么重要的问题给挤到一旁去。请将这些重要的事放进你们的"制度"里，并定为紧急事务来处理。

哪些工作必须"标准化"完全取决于你，但请千万克制想将所有事情都标准化的冲动。经常检讨、质疑你们的制度及其内容。不要死守一些已经需要改变或不适用于眼前情况的流程。

提供重要信息

定期制作的报告、分析及进度说明可以为你们提供重要的信息，协助理清方向。找出你的团队所需要的数据，由谁负责制作，何时及怎么样呈现，该提出哪些数据内容，提出的方式，等等。

召开定期会议

除非是举行定期会议，并鼓励团队成员针对共同关心的问题进行意见交换，否则没有任何团体可以成为真正的团队。许多针对高效能管理者所做的研究都显示，个人互动及团体会议都是他们工作中非常重要的部分，而且不可偏废。

以开放、系统化的方式来做决策

好的决策不只是针对某个问题所提出的恰当响应，同时是所有相关人等都愿意共同执行的抉择。想要大家都愿意执行，靠的不只是决策质量，还包括决策是如何制定出来的。

因此，做决策的过程也是决定团队表现非常重要的一环。"如何做"包括两部分：参与决策的人，以及决策流程包含哪些步骤。

团队中的决策权是否清楚

大家是否了解并同意谁可以做哪些决定？你自己必须做哪些决策？其他人可以在哪些情况下分享哪些决策权？对于不同的人可以做哪些决策，你们是否有一套规范或某些限制？

你有没有邀请其他人参与你的决策过程

你和你的团队可以用许多不同的方式来做决策：

- 自主式决策。团队负责人在不咨询任何人的情况下，自行做出的决策。

- 咨询式决策。团队负责人自己做出决策，但事先征询过团队成员或其他人意见。

- 联合决策。你和团队成员达成共识后一起做出的决策。也就是说，它或许并非每个人的最爱，但每位参与决策的人都愿意支持这个决策。

- 授权决策。由你的团队成员或整个团队一起做出的决策，你并未参与但事先已提供一些前提与界线，比如支出的上限，或新产品必须保留住前一代产品的某些功能等。

你和团队怎样做决策？如果你比较喜欢自主式决策，请记得参与的好处：

（1）帮助你对问题或机会有更全面的认知及掌握。

（2）及早了解一些一开始就应该处理的前提、看法或误解。

（3）对决策结果有更多的信任，因为参与的过程可以让人觉得自己也拥有某种主导权。

（4）对最后的决定以及执行产生更强烈的认同感。[3]

团队是否遵循以事实为基础的决策流程

一般人都不喜欢专断型的决策。大家都希望与团队有关的重大决策都是经过透明、以事实为基础的流程。这个流程应该包含以下这些步骤：

（1）团队共同讨论、定义问题；找出所有会因这个决策而受益或受损的"关系人"。

（2）通过收集、分析、讨论主要关系人的相关资料，完整研究问题。

（3）通过讨论、修正、批判，甚至实际测试，得出可能的解决方案，找出每个解决方案可能为各关系人带来的后果。

（4）最好是通过比较开放、透明的方式做出决策，也就是咨询、联合或授权式决策。

（5）执行决策，但尽量实行一些可以降低伤害的措施。

（6）经过一段时间之后，检讨、讨论决策执行的结果，你们可以从这些结果学到什么？下一次的做法可以有什么不同？详细汇总所有理想以及不理想的结果。

现实状况下，你的决策流程很少会像以上所描述的那般步骤清晰、条理分明。但设计出一个流程，努力照着流程进行，将可大大改善你的决策质量。这个做法可以让你避免发现了第一个可行方案就直接跳进去的陷阱，从而使你错失更好的解决方案。与团队成员清楚沟通这个流程，尤其在虚拟或多元文化的团队里，沟通更是重要。

规范团队共事的方式

团队"一起工作"靠的是一套共同的价值观、行为准则、信念以及对彼此的期待，并以此来规范团队成员之间的互动，让所有冲突都能维持建设性的本质。

团队行为准则包括：会议的出席及参与（例如，"每个人都必须出席会议，仔细聆听，参与讨论，以尊重的态度彼此互动"），团队的优先级（"团队目标永远高于个人目标，团队之中不得产生竞争关系"），怎样以建设性的方式表达不同意见（"将讨论重点放在工作，而非个人身上"），对工作质量的要求（"你对自己的工作成果感到骄傲吗"），对贡献的期待（"每个人都必须尽自己的一份力"）等。

除非所有成员都同意这些准则与规范，否则团队的功能将无以发挥。试想，如果你认为自己的同事并不在意团队工作的质量及重要性，你又会对团队的工作有多大的关注？

了解团队既有的文化

当你接手一个团队时，你必须先了解自己继承了什么样的团队文化。现有成员的角色分工、工作规范、价值观及工作准则就是你的起点，通过观察团队成员的工作模式及彼此合作的方式来了解团队既有的文化。看看成员重视团队整体还是个人职责？谁有影响力？谁比较受忽视？团队中容许存在不同意见吗？意见相左时，大家怎样互动？团队对个别成员有什么要求与期待？

你从前考虑过这些问题吗？不幸的是，许多管理者都没有想过这些问题。如果你也是其中之一，你显然就忽略了很有用的管理工具——通过团队互动来影响个别成员的行为与表现。

培养正确的团队文化

你无法"制定"团队的文化，它只能自然形成，但你绝对可以、也应该努力去塑造它。这件事的难易程度，要看既有的团队文化，团队成员的期待，你想要的文化是否符合组织的文化，以及团队成员对你的信任程度而定。

团队成员当然希望知道你的立场与想法，因为你是团队中的权威人物，他们需要你指引方向，至少初期如此。你绝对可以塑造你想要的价值观、工作准则、基本前提及工作模式，方法包括：

- 建议、提出你认为能提升团队效能的价值观或做法；
- 使大家的注意力及讨论重点专注于那些价值观或做法；
- 促使大家同意这些价值观及做法；
- 要求团队成员遵循这些价值观及做法；
- 当大家忽略、误用、忘记这些价值观或做法时，强调巩固，再三要求；

- 提醒团队成员，彼此期待大家都会遵循这些价值观及做法；
- 教导整个团队应怎样应用这些价值观及做法；
- 聘用、提拔、奖励、表彰践行这些价值观、信念及工作准则的人；
- 身体力行。在你做决策或行动时，确实奉行自己所提出的标准、信念及工作准则，以身作则或许就是你塑造团队文化最重要的方法。如果你自己没有接受批评的雅量，别想要求别人谦卑地接受批评。不只是以行动来实践自己的期待，还要让大家都看见你的行动，大家需要亲眼看到你是怎样以身作则的。

遵循明确的团队标准

在高效能的团队里，所有成员都会期待每个人做好自己的事情。他们期待彼此都能尽心尽力，有时甚至得花额外的时间与力气来把事情做好。团队成员必须感觉所有人都极为重视自己的工作质量，而且如果任何环节出了问题，每个人都会感到羞耻。团队期待的是成果，以及每个人竭尽全力专注于团队的使命、计划、目标及优先级。

团队成员期待你严格执行团队的规范及标准。摧毁一个团队最快的方法就是：当一位成员工作未达标准时你却决定视而不见。毕竟，如果你觉得别人都在浑水摸鱼，你自己会有多努力工作？

以准则强化团队文化

培养、强化这样的团队文化：鼓励每位成员积极参与，以尊重的态度彼此互动，欣赏彼此的贡献，重视个人特质与差异。如果不觉得自己很有价值或受到尊重，没有人会充分发挥能量，贡献所长。

当成员聚集起来，群体的价值观和标准变得特别明显，因此，围绕会议（面对面地和虚拟地）来设立规范是重要的。要期盼人们出席，准时到达，有备而来，参与进去，允许和鼓励其他人发言、聆听，对机密事项保密，总是有尊严地相互对待，冷静、客观地接受和对有关工作问题的分歧做出回应。

积极参与非常重要。原因有两点：第一，研究显示，越是被提出来讨论的想法，被采纳的概率就越大。没能公开表达出来的好意见，则常常惨遭埋没。确保你的团队仔细聆听并考虑每个人的意见。第二，未积极参与讨论的成员会变得心怀不满、易受挫折，认同感降低。你应该大声疾呼："请大家勇于表达意见。"或许他们之前尝试过表达意见但却遭到打断或忽略，因此他们决定放弃。有些人不太能坚持自己的想法，他们认为任何事情只要说一次就足够了。让所有的意见及想法都摊在桌子上，充分讨论是你的责任。

一个新团队最早召开的几次会议（或是接掌一个既有团队之后的第一次会议）特别重要。这是提出团队使命及目标，树立你的管理模式以及定义团队成员应怎样彼此合作及互动的最好时机。

文化及语言上的差异也会影响团队的工作绩效。一个国际营销团队被赋予重要的责任，在欧洲各国推出一系列新的个人保健产品。在每次团队视频会议中，西班牙代表都很少开口，因为他不太习惯以英文发言。不论是在会议中还是会议后，团队的管理者都未能请他提出意见。新产品推出之后，大家很快就发现，团队计划显然忽略了这一系列产品在欧洲最具潜力的西班牙市场。

容许并鼓励建设性的分歧及冲突

许多研究都指出，管理者应该特别留意建设性的冲突。如果团队里没有任何建设性的冲突，最优秀的创意会因而错失。如果出现建设性的冲突，请好好讨论，鼓励大家尽量提出不同的观点。

进行团体讨论的时候，两种做法可以鼓励建设性的分歧：

第一，容许质疑者及持不同意见者充分表达想法。我们到底为什么要做这件事？我们为什么还在做这件事？如果换个方法来做呢？当事情已经进行到一半，或问题很难回答时，团队成员常会想要压抑这类问题。虽然质疑者所提出的问题常令人如坐针毡，却能激发出真正的创新。

第二，为了创造有益的冲突，你应该鼓励反对者提出质疑，而非一心推销自己的想法。持不同意见的人常常会沦落为越来越大声地重复自己的立场，不断强烈推销自己的意见。鼓励他们对彼此的想法提出质疑：为什么你这么认为？你的想法有什么根据？你怎么得出这个结论的？鼓励大家充分发挥好奇心。当然，如果你能以身作则，当你不同意别人的看法时，也以质疑代替推翻，会大有帮助。

经常谈论团队文化

构成团队文化的价值观及行为标准如果不能正大光明地被表达出来，它们就不可能被理清、了解、修正或放弃。在会议和平常的讨论中，清楚且直截了当地说明你的期待。鼓励大家勇敢表达对这些价值观或标准的看法。

为团队提供必要的培训和辅导

不要以为每个人都知道怎样在团队中自处。对某些人而言，这可能是个全新的经验，因此他们甚至连最基本的原则都不懂：如何聆听、参与、表达不同意见，或以建设性的方式来响应别人的不同意见。指导团队中的个别成员并不等于指导整个团队。从一开始就把握住每个机会，教导大家你所期待他们遵循的价值观、工作准则及行为规范。在团队会议中公开讨论这些议题。你的角色非常关键，但你也必须有耐心。培养正确的价值观与工作标准需要时间，一群人不可能在一夜之间就变成一个团队。

团队成员需要了解自己的表现

工作表现评估是第四种必须非常明确的信息。由于真正的团队追求的都是非常崇高的使命，挑战的也都是非常重要的目标，因此，团队成员需要掌握对整体工作表现的实时而具体的评估意见。

经常性地评估团队及每个人的表现

把经常性的绩效评估列入例行工作及团队文化之中。绩效评估必须包括整个团队的表现，并让大家知道团队绩效是每个人的责任，团队成员必须对彼此负责。

如果团队的任务是要在某个期限之内完成一项特定的任务，或者你的团队正负责推动一项重要的计划，请在整个工作进行到大约一半时，进行一次详细的工作检讨或绩效评估。若要进行一些重大调整也还不至于太迟。

如果你们团队负责持续性的工作，交替运用简易评估及深入检讨。例如，每个月固定检查是否有任何问题需要特别注意，然后再根据你们的计划及目标，每季进行一次深入的进度检讨及绩效评估。

使用具体的绩效评估指标

数据非常有用，如营收、成本、出货量等。"我们表现得怎么样"这类的问题靠数据胜过个人的判断。数据可以让大家检讨实际的工作成果，而非大家得多努力工作。数据也能帮助你们看到应该朝哪些方向调整，找出数字背后的原因则可以让你们了解未来应该如何改进。越来越多的研究结果显示，有指针才会有绩效，没有指标几乎很难产生绩效。

尽量使用具体的指标，但也要注意它们的局限。最主要的局限有两点：第一，你必须了解数字背后的原因，仅仅是数字很难呈现事情的真相。成本增加了，为什么？单一性的问题是一回事，若它反映了一种长期的趋势，那可就完全是另一回事了。第二，不是所有重要的事务都可以量化表达。例如，千万不要忽略了团队文化或团队的表现是否符合你的理想。还有，你们的某些目标可能尚未产生真正有效的数字，因为这些目标仍然太笼统、不成熟或根本太遥远。在这些情况下，不要害怕自己做判断，你也可以多多征询别人的看法。

评估"对"的项目。许多指标，如营收及成本，只能呈现目前的状况或反映过去行动所产生的结果，无法让你看到未来。找出其他的领先型指标来帮助你往前看。例如，如果你有持续追踪客户满意度或竞争对手的价格，某个数字的微幅下跌或许就能预示未来整个营收的下滑。找出这些对的指针，追踪相关数字。

鼓励团队进行自我评估和自我修正

提供工作表现的反馈意见不一定要由你来告诉团队成员。如果使命、目标以及工作标准都很明确，尤其如果你使用了关键指标，团员就应该能够进行自我评估。如果他们真能做到这点，你的角色就是领导他们进行讨论，以确认问题，发掘原因，找出可能的解决方案或教训并拟出相应的计划。同时，也请好好与团队成员讨论怎样面对正常的错误或失败。记住，创新很少在完全不犯错、不冒险的情况下产生。培养一种团队习惯，让大家愿意提出成功及失败的经验并且从中学习。

将自己的表现列入评估

你的表现怎么样？你不可能完美。身为团队的领导人，你希望自己有什么改善？你犯了哪些错？身为上司，你怎么进行自我改善？请团队成员提供意见，提出你可以帮助团队提高效能的相关建议。相关的意见讨论或许让你听来很不舒服，但这件事非常重要。不要让你的同事扛起上司一再犯错的沉重负担。

奖励优秀的表现

我们太容易把注意力放在问题上，将良好的表现视为理所当然——"这本来就是你们该做的"。当你看到卓越的表现，一定要公告表彰负责的同事，诚恳地向他们致谢，但仍着眼于和团队工作及目标相关的事情上。当团队工作进展不顺利，公司经营遇到重大挑战，未来有许多不确定性，而你亟须维持同事的士气和热情时，褒奖尤其重要。

管理虚拟团队的特殊挑战

管理虚拟工作团队，会给你带来许多特别的挑战。以下的建议将有助于你面对这些特殊挑战。

建立团队共识

管理虚拟团队与管理一般团队大致相同：清楚地说明团队的工作内容、使命和目标、团队文化，以及成员之间的互动规范。

及早建立团队共识，然后重复提醒大家这些事情的重要性。不断讲解团队的运作模式及团队成员应怎样互动，也要经常告诉大家团队运作的情形。请团队成员在开会及一对一讨论时提供意见，确认每件事——共识、结论、决策、任务指派、工作期限及时间安排。以书面的形式写下团队文化的各项关键要素非常有用，就像你应该将计划中的各项要素诉诸文字一样。

信任关系很重要

信任是高效能团队的关键特质，而虚拟团队的成员则必须以不同的方式来培养信任关系。当团队成员间少有面对面接触的机会时，他们之间的信任关系不是建立在互动的基础上。人们更信任那些可靠的、始终如一的、积极响应的、符合最后期限要求的、及时回复的，以及践行诺言的成员。简而言之，是那些表现可以预期的成员。

邀请虚拟团队共聚一堂

即使信任关系可以在无法经常面对面接触的情况下培养出来，但实际的接触仍可让工作团队获益良多。公司举办的活动就是最好的机会，尤其是在团队成立之初或你接掌团队的初期。如果真有直接碰面的机会，请给大家充分的时间彼此认识。请每位成员简单介绍自己的背景以及可能有助团队工作的专长或经验。不要把所有的时间都花在工作上。

如果团队负责的是一项重要的计划，举办一次期中聚会也非常有益，因为此时工作已经上路，但要做任何重大改变仍不晚。计划结束后，再举行一次全体汇报也非常有益。

注重团队互动

特别注意团队成员的参与及互动。确保所有成员都积极投入，奉献心力。如果有人在团队讨论时不太发言，务必于会后找他们单独谈话，了解他们没有表达出来的意见及反应。千万不要以为沉默就表示同意。

注意"天高皇帝远"的问题。身为虚拟团队的管理者，你应该以电话或视频方式与每位成员都保持某种一对一的联系。维系所有成员的向心力，让他们有所贡献是你的分内的事。

不要吝于为团队成员提供有关工作表现的反馈意见。在进行这类一对一的沟通时，尽量运用一些有助于讨论、协调、共同解决问题及提供咨询的媒介，例如，视频就是一种很理想的媒介。

重视成员的人际和团队能力

许多人都以为，既然虚拟团队成员之间的互动较少，他们的人际能力应该也就不那么重要，只需要有适当的技能就行了。这大错特错。大量运用虚拟团队的组织都发现，人际能力其实比任何其他能力都重要。因此，挑选团队成员时，你应该特别注意他们的人际能力，包括与人分享信息及进行深入讨论的意愿。也要让应聘者清楚地知道，他们也可能被派驻远方工作。

处理全球化团队中的文化差异

正如每个工作团队都拥有各自的价值观及行事态度，不同的社会也是如此。这些价值观及态度的差异可能会影响团队运作的成效。不同国家及地区的文化对于很多事物都持不同的态度，包括面对权威的态度、看待会议的功能及目的、沟通的风格、对事情背景的了解、面对改变的态度、处理冲突的方式等，甚至构成个人身份认同的要素都有所不同。

你怎样处理文化上的差异？你若忽略不管，文化差异很容易侵蚀你的团队效能。以下是你可以考虑的一些重点。

了解文化差异

仅仅认识到"每一种文化都不同"是不够的。如果你领导的是多元文化的团队，你就必须了解团队成员所属的特定文化及相关的文化倾向。

用心了解并处理个人差异

同一个文化中的个人差异，有时比不同文化的差异还要更大。最大的危险是，我们对一些常见的文化特质，例如，印度社会非常重视阶级差别，于是便形成一种刻板印象，然后随便给人贴标签。请将文化特质当作是了解、确认某些同事真正的价值观或行事态度的参考信息。

了解自己的文化背景及倾向

你成长于一个特定的文化，而它也塑造你的思维模式及感受。小心，不要误以自己的文化为标准，将别人的文化都看成是"差异"。要记得，别人也会以他们的文化来衡量你。

避免评断文化差异的好坏和对错

不要对文化差异妄下判断，某种观点或文化倾向不一定比另一种好。例如，你认为准时完成工作很重要，当有人迟交报告时，你可能会认为他懒惰或缺乏纪律。但这位同事或许不像你把期限看得那么重，因而决定把时间先花在他觉得更重要的事情上。请不要习惯于将问题归咎于人的个性缺陷，原因往往可能是对事情的不同看法，而这种看法基本上并无好坏之分。你要明白这是文化的差异，并想办法去处理它。如果某个工作期限真的很关键，你就必须事先说清楚，并且严格追踪。

在团队中讨论

许多团队及团队管理者不太愿意直截了当地说明团队的使命、目标、标准、角色及价值观，或明确点出文化差异可能会影响团队的运作等。你需要坦率、直接地讨论这些问题，但不要随意对文化或个人差异下评断。直言不讳对任何团体都是有益的，对多元文化团队而言，它更是绝对有必要。

不被团队天生的缺陷影响

团队并不完美，也很容易落入微妙又常见的陷阱中。以下就是一些例子。

团队是否产生孤岛心态

强大的团队文化也有其缺点。团队的门户之见、内外之分就是这么来的，所谓的外人泛指所有其他团队，包括组织内的其他部门。当这种情形发生时，你的团队就会把其他人的利益、观点及需求阻绝于外。你的团队必须视自己为组织的一分子，与其他人共同承担组织的使命与目标。保护自己的团队不受太多不必要的干扰是你的责任，但如果你总是让团队利益凌驾于组织及其他团队的利益之上，你反而会害了自己的团队。

团队是否会压抑不同或反对意见

极力避免分歧的团队等于扼杀创意，因为创意通常来自建设性的冲突。团队的悖论在于，团队成员之间既需要彼此支持，也需要建设性的冲突。

团队是否成了"群体盲思"的受害者

这是团队文化太鲜明时会导致的另一个缺点。"群体盲思"（group think）是一种团体压力，迫使团队成员顺从群体意志。群体盲思以比较隐讳的方式扼杀新思维、新做法。在群体盲思中，大家不会公开压抑创意，但创意极少出现，因为团队成员会不自觉地执行自我监控，未意识到原来大家已经陷入相同的思维模式。你必须先辨识出它的存在才能对付它，因为你可能早已成了它的受害者，甚至一直在助长它的威力而不自知。当你招募新成员时，尽量找一些认同你们的价值观，但又能为团队带进新思维的人。

团队中是否出现了小圈子

工作会使某些团队成员产生密切而深入的接触，因而形成小圈子或派系。共同的兴趣或背景也会创造出一些次级团体。很明显，当团队成员开始视自己为某个派系的一员，而非整个团队的成员时，问题就出现了。因此，请鼓励团队成员的全面接触。将任务指派给平常不太有机会一起工作的人。当全体成员一起开会时，特别注意次级团体的影响力。对成员分布不同地方的团队而言，这个问题尤其容易发生，特别是某些地方同时代表着不同的文化。

打造、长期维系并有效管理一个团队绝非易事。没有几个团队能够完全、长期符合以上所描述的特质。太多导致分崩离析的力量不断拉扯着团队，更别说冲突也常常演变成个人恩怨、团队及个人之间的拉锯挣扎，或我们刚刚提到的许多陷阱。要维系一个团队，为它提供方向、明确性、保护及所需的资源，你必须不断付出努力，时时保持警觉。

再次强调，团队管理者的管理能力是决定一个团体流于分崩离析，或成为一支具有超强凝聚力及超高效能团队的关键。

第 10 章
管理好每一位团队成员

每个成员都是独立的个体

　　下午 2:25。彼得森与布拉德肖一起走进会议室，彼得森顺手把门关上，布拉德肖则打开计算机，准备把宣传片放给彼得森看。

　　"等一下，"彼得森说，"在此之前，我要先告诉你，你刚才对塔塔所说的话非常不恰当，我们不能容许同事互相进行人身攻击。"

　　"好的。"布拉德肖耸了耸肩，"我是有点口无遮拦，很抱歉。你也了解我的个性。"

　　"跟我道歉是不够的，"彼得森说，"而且这跟我了不了解你也无关，你必须为自己的错误负起责任。等大家进来以后，我要你当面向塔塔道歉，而且是真心诚意地道歉。你公然侮辱别人，就必须公开道歉。"

布拉德肖瞪大了眼，好像是觉得彼得森在开玩笑。"我没有错呀，"他说，"塔塔心里打的如意算盘是这样，如果新星计划搞砸了，他就直接回编辑部去找他那些狐朋狗友。"

"又来了，"彼得森说，"不要再说了。你怎么知道塔塔心里在想什么？而且你的做法完全不能解决问题，你只是想趁机发泄情绪罢了。"

"问题不是出在我身上，"布拉德肖的声音收敛了些，"相信我，问题绝不是出在我的身上。"

"听着，我会注意你这一点，但是你要有心理准备，如果你再对任何人进行人身攻击，我们下次讨论的恐怕就是你的去留了。"

布拉德肖似乎有点惊讶，"好，我听到了。"

"很好，因为我不是在开玩笑。"

"现在可以放宣传片给你看了吗？"

"好吧。"

彼得森安静地看着这段 7 分钟的宣传片，这是发展中国家的学校管理者到雷诺教育网站上进一步了解新星计划时会看到的介绍影片。这段影片制作得很好，有趣、感人、信息丰富，它不但说明了每位学生在整个学习过程中的参与方式，而且让大家清楚地了解到课程的内容及学生将可获得的学习经验。很难看到比这个更吸引人的宣传片了。彼得森大大松了口气，心想，或许布拉德肖对产品制作流程确实掌握得还不错。

"太好了，真的很好。"片子结束后彼得森说道。

"何止是好，"布拉德肖说，"它简直太精彩、太完美了，让人感动得热泪盈眶，而且这还只是一堂计算机程序课程而已！"

"真的非常棒，我看的时候也很感动，我相信它的效果会很好。"

"你也觉得吧？我很高兴你也这么认为。我一直逼迫 E 媒体，好在他们终于抓住了我想要的精髓。再告诉你一个秘密，我们星期一就可以拿到第一版的课程内容了，到时就可以请大家来一起观赏和测试。我们的课程制作完全符合进度，而且它跟宣传片一样，制作得超级完美。"

"太好了，"彼得森说，"这真让我松了口气，我都迫不及待了。但是，课程里使用的大概就是你动歪脑筋弄来的教材内容吧？大家都跟我说了。"

"没错。"布拉德肖面带笑容。

"不要得意，"彼得森说，"我们并不是在进行敌我竞争。我们和其他出版单位之间的关系已经够糟了，你根本是在火上浇油。我们的根本目标是要制作出系列课程，创造出一个全新的业务。每个课程我们都需要和提供内容的出版单位建立起良好的伙伴关系。这是新星计划的成功关键因素。"

你应该以团队的形式来进行管理工作，但千万不可忽略：每位团队成员都需要被当成独立的个体来关心和带领。这是人类的天性，也是团队的悖论之一。团体的归属感是一种强烈的人性需求，但是我们也都需要别人看到和肯定我们的个人贡献。

处理这个悖论的方法是，在管理个别成员时，一定要牢牢记住团队的整体目标及规范。请看重每个人对团队的贡献，对团队规范的遵守，以及在团队中勇于提出具建设性的不同意见，同时不忘对这些表现表达及时的肯定。

和下属之间的互动方式

管理工作最主要的内容就是人际互动——主动接触，以正面与尊重的态度彼此协调,在专业上及人性上展开正常的互动。你可能也曾经与一些心无旁骛、一心只顾工作的管理者一起工作过,他们疾行如风、目不斜视,完全忽略身旁的人。大家对这种管理者的感觉好吗?

你与下属有不同形式的互动吗

良好的人际关系建立在经常性的接触上。事实上,优秀的管理者都将大部分时间花在与直接下属及其他人的互动上。管理就是一种人际互动的游戏。你花多少时间与人互动?答案应该是"很多"。

大家对你的信任有一大部分是通过与你的日常互动得来的。

你是开放、容易接近的吗

良好的人际关系中,双方都必须主动与对方接触。你必须让自己与别人接触的渠道保持畅通。例如,你的办公室大门是否经常敞开?你常常待在大家很容易找到你的地方吗?你常常在办公室里走动吗?你的身体语言、行为举止及其他表现让大家觉得你很友善,欢迎大家来找你吗?有些管理者的表现根本就是在向众人宣告:"别来烦我。"

你在交往中是诚实和直率的吗

你是否努力当一个真诚的人?当你承诺了一件事情,大家是否相信你,认为你一定说到做到?

大家都很清楚你的立场和感受吗

明确与坦率不但有助于建立良好的合作关系,更是一种尊重的表现。当你不高兴时,你是否清楚表达并让大家知道原因?同样地,当你感到满意时,你是否也会清楚表达并让大家知道原因?

在互动时，你能专注于沟通和倾听吗

与人互动时，你是否努力建立一种人性上的联系？当下属与你谈话时，不论话题是什么，你是否都能专注于彼此的对话？你是否仔细聆听，主动提问？沟通过程中，你们是否真心互动、真诚对话，双方都积极且平等地投入沟通？记得我们先前所说的：真正的聆听是如果对方所言确实有理，你有改变自己想法的心理准备。抑或是你一向只顾自己拼命说话、推销自己的想法？

下属来上班时，并不能从个人的生活中完全分离出来，因此有时你会听到他们的私人问题。你不必负责或解决他们的问题。事实上，有时你甚至需节制自己花在这些问题上的时间，但你仍要聆听、了解、尊重大家的感受，并为大家保守秘密。当这些个人问题影响工作时，请将这些问题也列入考虑。

你真正关心自己的下属吗

与你一起工作的人都知道你把时间花在哪些人和事上，大家都看在眼里。那些你很少接触的人都知道，自己是外围分子。所以，注意你花多少时间与人互动，与哪些人互动。长期而言，你和所有人的接触时间应该要尽量"合理"，合理的意思并非平均分配。你的目标是要让每个人都获得他们所需要的注意力。

派驻外地的下属

同事派驻外地时，我们很容易忽略与他们之间的联系。由于你和他们无法通过日常接触而产生深入的关系，你就需要更积极、更有系统地与他们保持联系。经常通过电话或视频与他们讨论、询问、认真了解工作进度，与他们分享你的想法。和他们保持互动，尽量找机会与他们见面。记住，与他们保持联系是你的责任。

年长、资深的团队成员

年轻管理者常会害怕与年长、有经验的同事互动,甚至尽量避免彼此的接触。他们心里可能也觉得,资深同事恐怕都是些棘手的恐龙式人物。请客观地认识每个人:了解他们曾做过的事,拥有哪些知识,还可以做哪些事。展现向他们学习的意愿,寻求他们的协助或建议,询问他们的需要。即使他们对某些工作确实比你熟悉,具有丰富的经验,但他们还是需要你的支持、资源与信息,以及一些公司内部政治或策略运作上的建议。或许你是位平步青云的明星,而他们却已到了事业的高原期。请记得,他们还是希望、也应该获得学习及其他相关的机会。如果忽略他们的成长,或许他们真的就会变成抗拒一切的"恐龙",正如你一开始时就有的误解。

如果他们真的不太习惯拥有一位年轻的上司,你应该直接找他们恳谈。逃避不会让问题消失。当你面对他们的时候,不要让他们觉得受到威胁或你在找他们麻烦。例如,你可以说:"我可能多心了,但我觉得你好像对于我这位上司感到有点不适应,我可以怎么帮助你?我可以怎么做,好让我们能够顺利一起工作?"

表现稳定但并非资深的成员

多数管理者都会将注意力放在表现最好或最差的同事身上,但大量的研究发现,在绝大多数的团体里,绝大部分的工作都是由中间那群人所完成的——能干、稳定、可靠,而且非常了解本身工作的所谓"B级"员工。如果你一向是位明星员工,请特别注意,不要低估了这些"表现平平"的同事,不要批评人家缺乏动力或能力。你很容易忽略他们的存在价值,直到他们离开的时候,那时你就会发现自己有多依赖他们了。

你不太了解或不太喜欢的下属

身为管理者,这是你在人际互动的成熟度上最严峻的考验。人与人之间的化学反应决定了我们天生就会特别喜欢或讨厌某些人。在办公室里，你会刻意避免接触那些你不喜欢的人。找出方法，与你很需要但却不喜欢的人产生互动，甚至找机会与他们合作。深入了解他们，因为大部分的负面感觉都会因熟悉而消失，他们很可能也并不喜欢你呢。让你们的关系正常化是你的责任。

不直接隶属于你的团队成员

大多数的时间你都是与自己挑选来协助你完成任务的下属互动。但不要忘了，你的责任涵盖团队里的每个人，包括下属的下属。你必须寻找方法与所有为你效力的人建立联系关系，包括直属与非直属部下。

想办法与你的非直属部下建立关系，但切忌因此影响他们上司的威信。你必须了解一线的实际状况。管理者很容易就会变得孤立，只能听到中层管理者想要你听的事情。你需要多种渠道来掌握实时、重要的信息，不论是关于大环境、工作重点、关键机会或挑战。你也需要有效掌握、奖励团队中所有同事的工作表现。

善用各种网络社交媒体、工具来鼓励大家分享想法与意见，但别让这些工具完全取代面对面的接触，多在办公室走动。在公司允许的范围内，尽量亲自拜访身在异地的团队成员。记住同事的名字，了解他们与顾客日常接触的感受，甚至要对每位同事都有一些个人的了解。

有些公司要求管理者必须定期举行"全员大会"，或至少每年召集一次全员聚集，好让每个层级的同事都有机会参与团队的互动与交流。这是个好主意。若有合适的机会，也可以要求下属带几位自己的同事来参加会议。或是，邀请非直属下属参加一些任务小组或其他工作小组。参加非直属下属们的聚会，或不时到他们的办公室去转转，让自己有机会与他们聊聊，或指派一些任务给他们。

记住，如果你的直属部下离职的话，这些人很可能就会成为他们的继任者。与他们接触能够让你掌握他们的长处与弱点，这也能让你知道团队的使命、目标、策略、文化是否下达到整个团队，而且也能让你掌握挑选副手或继任人选的重要信息。

所有这一切都需要花时间、精力，你当然觉得自己没那么多功夫。然而，真正的问题不是你与别人互动时间的多寡，而是互动的质量。随时随地找机会与人互动、联系，你在一天里可以塞进的互动机会绝对不少，充分利用走廊上的讨论与任何巧遇的机会。虚拟团队的特殊挑战是，在创造互动、建立关系上，你绝对必须更花心思、更有规划。

充分了解自己的下属

如果不了解自己的下属，你就无法在指派任务时做出最明智的决定，也无法了解他们的工作投入程度或你对他们该有多少信任，该授权到什么程度。你也无法在做重要决策时，公平地评估这些决策对他们会有哪些影响。

请用以下的问题来增加了解。

他属于哪个时代？这对他看待人生及工作态度有什么影响？了解同事所处的时代，如70后、80后、90后，就可以了解他对人生与工作大致抱持什么态度。努力了解你们两人的时代间有哪些差异，网络上这种信息唾手可得。

他有哪些事业上的梦想？他希望自己拥有什么样的成就？5～10年内，他希望自己可以达到什么地位？目前的工作是否有助他达到目标？

他处于人生的哪个阶段？他会因而产生哪些特殊需求与考虑？是单身、单亲、丁克族、年轻家庭，还是空巢族？过去，生命的阶段与时代之间有很大关联性，但结婚与否、生子与否却让现代人的生命阶段与过去的经验大大不同。

他成长于什么样的文化背景？ 一个人在什么样的国家、族裔或文化背景下成长，会对他的态度、价值观产生极大的影响。

他有什么工作之外的兴趣？ 他有没有花时间在工作以外的活动上，如教会、社区、教育？这些兴趣可以反映出很多事情。我们认识一位女士，她在公司担任行政工作，她却为自己所属的小区中心成功举办了一场10万美元的募款暨工程整建活动。许多人的才干并未在工作中被发掘出来或充分利用。

他有什么独特的人生经验？ 他在哪里成长？成长的环境怎么样？哪些人生经验让她成为今天这个样貌？

他在个人及工作上各有什么特长？ 多数管理者都很会发掘别人的缺点，然而，让团队能达成目标的是同事的长处而非缺点。如果你未能很快发现每位团队成员的长处，或许你就是放太多心思在大家的缺点上了。

发挥同理心

你需要同理心，也就是从别人的角度看世界，又不受制于他人观点的能力，这是了解别人真正的想法和感受的唯一方法。除非你能换位思考，否则你就无法有效管理他们。面对任何人，请培养出一种暂停自己的想法，与对方换位思考三秒钟的思考习惯。

只有认知到每个人都与你截然不同时，你才可能产生真正的同理心。你会轻易发现其他人的表情、衣着、行为等都和自己不一样，但是你能理解他们的思考、感受也是不同的吗？他们有不同的目标、需求以及看待世界的方法，只有当你领会到这些差别是多么明显，你才能真正站在他们的立场和角度去思考。

要知道真正的同理心是什么，它不仅仅是站在其他人的位置上理解你的感受，而是要理解其他人的感受。具有同理心要求我们接受和理解和自己完全不同的情感，这就是你需要把每个成员看作独一无二的个体的原因。

最终极的同理心不仅能够看到别人眼中的世界，还要能够看到别人眼中的你。

懂得如何授权

你擅长授权吗？授权是与下属一起工作最关键的方式。如果不能彻底放弃凡事都要亲自指挥、监督下属工作的观念，你就不可能从下属身上获得最大的好处，也无法充分发挥自己身为管理者的杠杆效果。

要有好的授权，你就必须针对每位同事目前的工作技能，哪些人值得信任，各项工作的重要性，失败可能产生的后果，以及自己需要参与的程度等逐一进行评估。授权必有风险，但不授权你更不可能成功。

某些过去身为明星员工的初级管理者，由于专业能力非常强，因此习惯以事必躬亲的"微观管理"来应付管理工作。他们不授权，以独立撑起一片天的姿态来获得成功。但这件事会产生一种双重陷阱：他们不但限制了团队的效能，同时也为自己未来的失败埋下了伏笔。当管理者的层级不断提升，到了一个阶段之后，不论体力或智能，他们都将无法继续微观管理。授权是一项需要通过经验来学习的技能，所以最好能够从起步时就开始学习。

授权绝非弃权，它不是严密监控或完全撒手的二分法。这两个极端中间有许多步骤，而愿意学习的管理者最后都会发现，授权有许多不同的层次，必须视下属的能力、意愿及工作的性质来决定。

许多管理者常以"后果恐怕难以收拾"来为自己的不授权找理由。一位德国管理者在老板要他多授权时回答说："这样我们就得冒风险，因为事情的结果可能会不如理想的那样。还有……我们可能得容忍一些错误,甚至错失一些机会。"

如果你刚接手一个团队,这个理由或许还能成立。如果你已经带领团队一段时期,这恰恰反映了你管理的失败。最能阻碍一位管理者事业发展的,莫过于拥有不懂得授权、不知如何激发下属的名声。

培育自己的下属

当下属不断学习成长时,他们自然会了解学习与成长的好处。他们的能力变强、士气变高,工作成果也越来越好。你是否能够打造出自己希望拥有的未来,达到自己所设定的目标,完全取决于你的团队成员是否能够不断提升现有的知识与技术,学习新的能力,克服足以拖累他们的缺点。

培育下属也能提高他们工作上的投入程度。多数人都希望自己能够有所进步,甚至愿意让人稍稍逼迫一下。许多组织或企业都在员工离职面谈时才发现,原来同事之所以选择离职,竟然是因为觉得自己已经不再成长或进步。

身为管理者,你在下属的成长与发展上应该扮演什么角色?事实上,你无法"发展"一个人。基本上,所有的成长发展都是"自我"的发展,人们通过"尝试、学习、再尝试"来成长,而你的责任是不断为大家提供新的挑战,加上随时的评估反馈、指导,以及再尝试的机会。

你在培育下属的职责上,表现得怎么样?你是否为同事设定目标、提供机会、给予指导,并提供他们在自我成长的过程中所需的其他协助?

知道每位下属的成长需求

你的团队是否能够完成团队计划、达成团队目标,必须依赖每位成员的知识、价值观及技能。因此，与每位团队成员共同准备一份个人发展计划，是为团队的未来做准备的一部分。

请与每位团队成员共同拟定一份个人发展计划。列出他目前所具备的能力，包含知识、技能、价值观，并以此与"他目前工作所需要的能力"，以及"他未来在工作上所需要的能力"来进行比较，两者的差异应该就是这位同事个人发展计划的基础和重点。明确列出下属的个人发展需求及主要发展方式，包括指派有助发展的工作或任务、参加教育培训课程、邀请资深同事提供指导，等等。

发展计划中应该列入每个人对事业的期望与计划。团队的需求当然应该优先考虑，但能够纳入的个人需求及期望越多，效果当然就会越好。事实上，创造个人发展计划的一个好方法是请团队成员先准备一份自己的发展计划草案，其中必须包括以上所提到的各项要素，以及他们的个人目标及期望。

鼓励个人成长的团队文化

团队可以成为激励大家不断自我发展的环境。如果团队成员都期望彼此能够不断进步，团队中就会产生极为强大的成长动力。不断进步的价值观无法强加于人，但你绝对可以倡导、鼓励、奖赏这类表现。

每天花时间指导下属

你是否认为工作指导是偶尔为之，或是等到问题发生时才需要做的工作呢？如果是这样，你应该赶紧改变想法。你与同事的每一次互动，都是评估、说明、示范或鼓励他们的机会。工作指导是下属进行某一件工作之前或之后，口头带领他们走过这项工作或活动的整个流程，以协助他们改善自己的工作表现。它包含了说明、提问、示范、角色扮演，以及提供观察意见。

在一对一的情况下进行工作指导，效果通常最好。检验工作指导是否成功的最佳方式，就是看同事走出你的办公室时是否觉得自己能力更强、信心更足。

进行工作前的讨论时，请说明目标、理想的结果、界限及规范。单单说明事情应该怎么做并不够，你或许需要示范你所想要的做法。进行检讨时，从下属的自我评估，以及根据工作前的讨论所学到的功课开始。如有必要，也可让当事人说明自己的观察及反省，接着再讨论下一次应怎么改进。在提供反馈意见时，请描述观察到的情形而非批评，越具体越好。

我们认识一位大投资银行的明星员工，他争取新业务的能力超强，表现杰出。但他对表现不佳的同事极其没有耐心，他的口头禅是："迅速解决、绝不拖延。"他似乎天生擅长伤害、污辱下属。他知道自己有这个问题，因为前任老板在年度工作评估时，就曾指出他的行为对别人所造成的影响，但他依然没有太大的改变。直到新任上司每天不厌其烦地在他每次出言不逊的当下，立即指正他，而且每次都立即教导他正确的表达方式。

请回想过去两三天内，你为同事提供了多少次具体的工作反馈及相关指导？

积极防范反授权

你是否发现，与下属讨论事情之后，下一个需要采取行动的人常常都是你自己？每一次互动结束之前，务必问下属："接下来应该做什么？谁该负责采取行动？"如果必须采取行动的人又是你，请问他们是否一定要你出马事情才能继续进行？有时情况确实如此。若非如此时，想办法让责任归属原本该去的地方，十之八九应该是在下属身上。

协助同事进行自我评估

知识、能力不足的同事通常无法认清自己的长处与缺点，管理者的责任是帮助他们正确评估自己的优缺点，让他们知道怎样以己之长，补己之短。

善用同事间的协助达成进步

团队中有太多可供成员彼此学习的才能、专长及经验。让经验不足的同事与经验丰富的同事共同执行一项任务，不但可以让重要工作顺利完成，同时还可以让经验不足的同事功力大增。

让大家知道你很愿意提供协助

同事是否将你视为评审或判官？出于自保，他们通常会产生这种倾向。除非你让大家清楚地知道，你非常愿意为他们提供指导、培训、咨询、学习机会、企业资源及有助于他们成长的任务指派，并为他们排除不利于工作进展的阻碍。你可以让大家明白，教练与评估者的角色你都会扮演。请下属主动告诉你，你该怎样协助他们进步和成长。

进行工作表现评估

工作表现评估与工作指导并不相同。工作指导侧重于处理工作表现上的问题，但是工作表现评估则是一种经过事先规划、安排的沟通，沟通的内容则包括了一个人所有的工作层面及表现。许多企业要求管理者每年对下属进行一次工作表现评估，但那不够。你应该经常与同事沟通他们的表现：找出优点，赞赏优异表现，指出弱点，提供指导及咨询。请以下属的个人发展计划为工作表现评估的基础，随时更新评估的内容，记录相关的进步或问题。

进行工作表现评估面谈时，请谨记以下准则。

对个人进行工作评估时，必须以团队的使命、目标、策略、计划为讨论的前提。注意，执行工作的过程与方式非常重要，而非只是工作本身。即使整体团队表现欠佳，也应认可个人的成绩及表现，但要避免留下虽然团队失败，个人还是可以成功的错误印象。

工作评估面谈唯一的目的是改善未来的表现。检讨过去的工作表现时，不要拚命算旧账，只要提出那些有助改善未来表现的数据即可。或许某些同事的表现一直不如理想，但工作评估并不是你发泄情绪的机会。排除个人情绪，直言不讳，清楚告知表现不佳可能带来的后果。但绝不要生气，更不能不尊重同事。

记住，提供反馈意见时：

- 好坏并存，不要只检讨表现不佳的部分。
- 提供具体、最近的例证。
- 以描述状况取代批评、下结论、下判断。
- 事不对人。
- 建立互动，不要只说不听；避免当场宣判"罪状"、宣告结论。
- 避免批评别人一般性的人格特质，"你就是不够坚持"这类批评很容易引起反感，对问题毫无帮助。
- 讨论结束前，一定要提出未来应采取的步骤，拟定强化优势、克服重大弱点的行动方案。

一定会有反对意见，做好心理准备。当某人不同意你的评估意见时，坚持以绩效指针、数据及具体事证为依据，也不要因为害怕冲突或担心对方难过而保留自己对他们的负面评价。我们认识一位年轻的女性员工，她因管理者的失职而导致问题恶化，最后只好黯然离职。让同事突然遭到这种结果是极不公平的事，尤其是若及早讨论原本可以帮助她改善状况，免于这种遭遇。

处理工作表现欠佳的问题

惩处或开除一位员工需要善意、技巧及人性关怀,这是管理者职责中最困难的一部分,但你没有办法逃避。

掌握别人生杀大权的沉重负担,让许多管理者深感难以承受。被开除不只是单纯的挫败或人生路上所碰到的一个阻碍而已,那是对人的自尊及自我价值极重大的打击——不只在工作上,还包括在家中及社会上的打击。配偶、孩子常因此而深受影响。这也就难怪许多管理者常会辗转数月,想知道事情还能怎样周转。他们通常将解雇一个人视为个人的挫败,尤其是这位同事原本就是自己选进来的。

这些感受很正常也很好,那反映了你的人性及体恤之心,但你不能因此而却步。即使你认为自己也是造成问题的原因之一,你仍然不能因而将表现不好的人继续留在团队里。

一位企业管理者对一群经验丰富的资深管理者进行了一项非正式、非科学性的意见调查。他问这些管理者:"回顾自己担任管理者的经验,有哪些事情是你觉得自己应该可以做得更好的?"他所得到的答案非常符合自身经验:"我希望自己在处理人的问题时能够更明快一些。其实我很早就知道某些人恐怕过不了关,却常未能及时采取行动。真希望我能早一点面对问题、解决问题、继续向前。这样对每个人都更好。"

假设过去某人一向表现良好,但近来似乎无法跟上脚步。这种情形常发生在一个团队面临转型的时刻,有些人会无法适应未来所需要的新价值、新技能、新人际关系,或者新的思维方式。

第二种情况恐怕就更困难。你必须请某人离职,因为他虽然能力尚可,却不足以帮助团队继续达成未来的目标。这经常发生在资深同事身上,他们过去的表现或许还能符合标准,但却不足以协助团队继续成长,追求更重要的目标。

碰到以上两种情形，你都必须竭尽全力为他们寻找更适合的职位。如果真的找不到，你还是得毅然决然地让他们离开，但也一定要付上一切应尽的道义责任和关怀，这将严重考验你的管理意志。

当你面对一位工作表现不佳、职位即将不保的同事时，请考虑以下问题。

惩处和解雇员工是一个复杂的过程，须系统且谨慎地进行

惩处及解雇的过程不仅包含我们以下所讨论的诸多步骤，而且还需要考虑公司的政策及惯例。当你发现团队中有成员表现不佳时，请事先告知你的上司，并与公司的人力资源部门联系，好让他们为你提供相关的协助。

你是否先仔细了解了同事表现不佳的原因

我们常认为工作表现不佳的责任在当事人身上。他要不是缺乏工作动力，就是知识或能力不足。但还有其他可能的原因。或许这份工作的设计与规划原本就有问题，以现有的组织环境与工作内容，几乎没有人可能成功。或许工作本身没有问题，只是人与工作并不适合。碰到这种情况，你不妨考虑调整这份工作的内容，"工作雕塑"（job sculpting）的观念已越来越普遍。或许，你也可以考虑让这位同事转往更能发挥所长、志趣更相符的职位。

你是否小心不让同事落入注定失败的命运

你是否坦诚、清楚地向同事说明工作内容及你的期望？你有没有可能让他产生了困惑，以致他根本不知道自己该怎么做？

有时管理者会制造出一些问题，导致同事无可避免地落入失败的命运。你决定不要某个人来担任这份工作，或许是他的工作表现有问题，也可能是他的行为举止不符合你的要求，或许你是从前任管理者手上接下这位同事的，而你已认定他"不适合这个团队"。由于心中已有定见，你开始找证据来合理化自己的结论。

即使你没有对他表达过自己的看法，但他可以从你的行为、言语、说话的声调，以及你对待他的方式中清楚地感觉出来。他心里认定自己已经出局，因此变得士气低落，工作表现自然也大受影响。他开始逃避你、隐匿或忽略一些问题，甚至可能开始回避与其他同事接触，他们因此也开始对他不满。他掉进了一个不幸的恶性循环，他的工作表现明显反映他不适任这份工作，尽管一开始时并非如此。

这真是工作表现的问题吗？这种恶性循环有个颇为传神的名字——"注定失败综合征"（set-up-to-fail syndrome）。请特别留意并及早发现它，回归到正常、理性、公平的工作评估流程。

你是否及时让同事知道他们的表现出了问题，并协助改善

如果某人的工作已经岌岌可危，而你很清楚问题确实是出在这人身上，他绝对有权利知道自己的工作即将不保，问题出在哪里，以及他可以做些什么来挽救自己的工作。他也有权获得你的协助。团队同事会期望你：第一，主动处理他的问题，因为表现不佳的成员绝对会拖累整个团队的表现；第二，他们会希望你的处理方式公平而直截了当。明明你已经决定要他走人，却装好心地说他的表现"可能有点问题"，不要玩虚伪游戏。

当同事难逃被解雇的命运时，你是否会帮助他们有尊严的离开

解雇人是很严重的事，绝不可草率行事。有些管理者因为要开除人，心情大受煎熬，竟然妖魔化当事人来自欺欺人。曾有位资深管理者形容他正打算开除的员工，不但工作表现欠佳，连为人和专业都一无可取。我们也认识他所说的这位同事，了解他为何离职，我们知道这位管理者的说法不但太过极端而且很不公平。正因如此，在别人眼中管理者反而自降威信。

不要让心中的不安不自觉地妖魔化。你自认"好人",却得做一件绝对会伤害人的事,这种情况很容易让你产生极大的矛盾。认清并管理自己的感受,也就是你的情绪成熟度,将帮助你在开除人的痛苦流程中,以最有尊严的方式对待当事人。

未能以尊重的态度对待属下,是非常丢人而且不必要的事。除非当事人是因为某种特殊的原因被解雇,例如,在公司停车场贩毒或动手攻击同事等。这种情况下,离职的细节及说明就可另当别论,但它的流程仍然应和解雇一样——痛苦但却合理。协助当事人获得你所能提供的一切离职补偿以及你的鼓励与支持。当然,整个过程还是必须遵守公司的政策与规定。

知道如何找对人

管理下属必须从人才招聘与选拔的流程开始。管理工作中,没有比找到对的人更重要。

用错人的问题解决起来极为困难和痛苦。真正的危险不是你找到不好的人,而是你找到了很不错的人才,却不见得符合工作需求。你可以做对所有其他事情,但因为用错了一个人而让一切功亏一篑。

但何谓"对"的人?除非你先理清团队的使命、目标、工作方式、标准及价值观,否则你无法找到对的人。对的人不只是一个能干、有才华的人,还必须是一位适合这份工作以及团队使命的人。

请参考以下原则。

从应聘者的能力开始考虑

不管应聘者在其他方面有多出色,还是必须先符合这项工作的知识、技能及经验需求。这件事听来简单,但太多管理者因为某些应聘者在其他方面实在太优秀,因而忽略了他们在知识、技能及经验上的明显缺失。其他特质当然也很重要，许多工作能力都能靠在做中学而取得，但要弥补基本能力的不足并不容易。

不只考虑能力，还需考虑个性品质

工作能力的评估还算简单明了，人际能力的好坏也不难发觉，但性格品质的好坏就比较难以立即判断了。以下是一些方法。

运用一些不易简短回答的开放式问题。鼓励应聘者告诉你一些过去的经验或故事，包括遭遇困难或事情进行不顺利时的经验。故事比细节问题更能反映一个人的品格及个性特质。问一些相关的细节，仔细了解事情发生的经过。要求应征者从另一位与事者的角度来说这个故事。不要轻易接受一些概括性的说法。

问一个开放性问题之后，保持沉默，让应聘者充分表达。即使当他停止说话、沉默一会时，也不要急着接话。许多重要的信息都是在应聘者自觉必须打破沉默时才说出口的。工作面谈不是聊天或对话，你不需要让整个过程保持顺畅、没有尴尬的空档。耐心地等，仔细地听。

不要只询问"推荐人"的意见。找他的前任老板、同事、下属，任何认识这位应聘者、了解他工作状况的人。在他所提出的故事里找出几个人名，与那些人联系聊聊。

请同事与重要的候选人谈。包括团队其他成员以及你的人脉网络成员中，未来会经常与这位候选人接触的人。碰到特别重要或广受瞩目的职位，邀请你的上司参与，千万不要只靠自己的判断就做决定。

应聘者对你团队的工作是否真的有兴趣。向应聘者说明你们团队的工作，尤其是团队的使命与目标。描绘你正努力打造的未来愿景，以及团队成员一起工作的方式。每位应聘者都会表达对你们的工作很有兴趣，但你能发掘出真正的联系性吗？他是否很自然地提起一些与你们的团队理念相符的生活或工作经验？或许是一种爱好，或许是一份志愿工作，任何能够显示他对你们的工作及目标拥有强烈认同的事。最理想的应聘者就是，这个职务对他而言不只是一份工作而已。

创造多元性。聘用新人是替团队增添不同经验及崭新想法的大好机会。你要找能够融入团队的人，而非一个会隐没在团队中的人。我们必须防范这个危险，因为物以类聚，我们很自然地受到同类型人的吸引。你需要创造出一种微妙的平衡，你和你的团队必须拥有共同的愿景、目标、优先级，以及个人差异性及多元性。

特别注意应聘者的优势。分析能力超强？很会解说复杂的概念？很快就能与人真诚相交？最重要的是，请特别注意这份工作所需要的优点与长处。你绝对希望你的同事能够在工作中发挥所常，这份工作真的能够让他继续发展自己的优势吗？

也要了解他的弱点、缺乏的能力与经验，以及这份工作中他比较不喜欢做的部分。确定这些不是致命的缺点，可以由你或其他同事来补足、平衡。总而言之，找人是增加优势，而非避免弱点。只要确保弱点不是致命问题就可以了。

愿意聘用比你能干的人

很多管理者都说他们努力想找比他们更优秀、经验更丰富，或是能够补足自己弱点的人，但他们所聘用的人常常并非如此。

你的团队里有比你优秀的成员吗？有任何理由会让你不聘用其中最优秀的人吗？如果有，你可能就把自己的下属当成竞争者了。或许你仍以过去身为单纯员工的标准在评断、看待自己，或许你误以为老板就应该是团队中最优秀或懂得最多的人。

你有继任人选吗？如果你突然消失，下属中有人能够立刻接下团队，或在必要的协助下很快上手吗？如果没有，原因为何？如果你的老板知道你的接班人选已经到位,你的升迁机会就会大得多。

你需要建立一个"团队"来达到你想要的成就,但若团队成员觉得他们个人和贡献未受肯定,团队势必无法运作,这是一种管理的悖论。你必须在团队与个人需求之间寻求平衡,但请永远以团队的需求为前提。

第 11 章
通过日常工作完成管理要务

将三大要务融入日常工作中

　　下午 2:46。彼得森留在会议室中。布拉德肖已先行离开，塔塔则是刚刚进来。为塔塔开门时，彼得森看到许多同事已经聚集在会议室外面。彼得森忽然意识到，这将是新星计划首次的全员集会。

　　"塔塔，"彼得森说，"布拉德肖不该那样对你说话。大家在工作上可以有不同意见，但人身攻击是绝对不被允许的。"

　　"我明白，"塔塔说，"我和布拉德肖有点聊不到一起去。"

　　"那是另外一回事，"彼得森说，"不过，布拉德肖不高兴也有他的道理。我之前就跟你说过，你不能规划使用某些教材却又不帮忙同事取得使用权。"

　　塔塔似乎有点吃惊："里格比说不必去管使用权的问题。"

"我知道。虽然我觉得那种做法并不妥当，但这确实是里格比的指示，因此你也只是听命行事而已，不过你似乎很乐意接受这个指示。"

"我不想引起无谓的争端。"塔塔说。

"那你觉得我们应该怎么做？新星计划一定都是使用别人的教材，但你又不愿意去和别人打交道。"

一阵沉默。"我真的不知道。"塔塔终于开口。

"那我就说清楚，"彼得森说，"如果你在规划课程时决定使用某些教材，你就必须负责取得使用权。这是你工作职责的一部分。你必须负责与其他出版单位协商。若有必要，你可以找我出面，我也可以另外寻求其他人的协助。了解吗？"

"好吧，"塔塔犹疑地回答，声音小到几乎听不见。

"有问题吗？"

"我知道了，"塔塔回答，但他显然对这个想法很有保留，"他们对我们的态度那么不友善，我不知道该怎么办。"

"你要不要考虑邀请他们加入你的编辑顾问小组？他们也应该参与在其中，不是吗？其实，他们从一开始就应该参与，现在他们恐怕觉得自己一直被蒙在鼓里，因此也对我们极端猜疑。"

"好，那我就这么办。"

"很好。但你可能应该先跟他们做一次简报。要不要干脆与他们约个时间，由你、我、布拉德肖与他们一起进行一次初步的讨论？"

塔塔边点头边记下彼得森的建议。

"与他们开会之前，"彼得森说，"请先安排一次会前会，你、我和布拉德肖应该先想一下，怎么才能让其他出版单位因我们做的事情直接获益。我们的产品可以对他们产生什么样的帮助？例如，他们可能在现有市场中提供我们的产品吗？你干脆先提出一些想法，放到维基社群上，好让所有新星计划的同事都能一起动动脑。"

下午 2:57。其他同事走进会议室。彼得森谢谢大家在匆忙的通知下抽空前来。他保证未来将定期举行这类会议，而且一定会提早通知。未来的会议有些是全员参加，有些则只有彼得森与他的直接下属必须参加。

"今天之所以召开这个会议，是因为有一些问题必须立刻处理，而且必须由大家共同来处理。我们需要进行一点沟通，并让大家了解工作的职责分工，因为这件事好像有点混淆不清。在我们开始讨论之前，我要先提出两件事。第一件事发生时，许多人都在场。即使有些人刚才不在现场，我相信大家也都很快就已听说了。之后，我想讨论一个有趣的问题，这是鲁强和我共进午餐时所提出来的，他问我，我们的使命究竟是什么，还有，我们所做的事到底有什么重要性。"

彼得森环顾四周，每个人都等着继续听下去。"好，我们先谈谈刚刚所发生的那件事。我对这件事以及同事之间应怎么样相处有一些话要说，但首先，我想布拉德肖也有话想说。"

身为管理者，你的时间都花在哪些事情上？你每天的行程是否都有条不紊？你是否仔细计划每天的工作，然后——按照计划去完成？

或是说，你常发现，自己大部分的时间都被一些突发的问题所占据，就像是以上的那个意外插曲，因而完全打乱了自己原来的计划？

如果这就是管理工作的本质，你该怎样面对？你该怎样在难以预期的工作环境中有效执行管理的三大要务——自我管理、人脉管理、团队管理？

在本章中，我们根据对高效能管理者的深入观察，与你分享如何面对管理者每天必须完成的工作。

高效能管理者并未将自己每天必须完成的事与管理工作分割开来。他们并不是努力在一堆必要但却无聊的杂务中，挤出时间来做他们"该做"的事。许多重要的研究都发现，高效能管理者是利用那些不断发生的杂务及问题，来作为他们开展管理工作的工具。他们擅长顺势而为，随时利用自己必须处理的每一件事情，来完成管理三大要务以及自己的使命与目标。

也就是说，他们会在参加某位会计部同事的退休庆祝会时，主动和财务分析部门的管理者寒暄，因为他们知道自己很快就会发出一封邮件，要求这位管理者通过明年预算中的一项特别支出。他们也会带一位年轻同事去参加客户的会议，好让他学习如何与客户讨论问题。他们也可能会在每月的部门营销规划会议之后，利用几分钟时间与同事分享有关客户服务的新观念。他们或许也会与一位新到任的厂长分享一份如何有效提升产品满意度的最新研究报告，因为这位厂长正肩负提升某项新产品的质量、降低成本的重任。他们也可能会特意把一件紧急的任务交付给两位同事去共同处理，因为这样不仅可以快速解决问题，同时还可以改善两人因为上一次失败的合作而结下的心结。

换句话说，高效能管理者会利用每天所碰到的各种大小事情，来完成自己的管理职责，达成管理目标。他们会创造机会，指派一些必须不断汇报进度的工作给某些同事。他们会特意安排一些会议，以便一再提醒同事一些重要的议题。不要等着时间从天上掉下来，这根本是痴人说梦。当然，他们还是会仔细检讨自己每天的行程，尽量减少那些对推动自己的工作没有什么益处的活动。

你会自如地通过日常的活动来实现管理的目的吗？关键是你思考并改变处理工作的方法。在处理一个问题前，可以停顿一下并问问自己，我如何使用这项工作来服务于我作为管理者的需求和目标？

"预备—行动—检讨"的模式

这个简单的行动模式可以帮助你不再将每件事只想成单一的步骤，而是将每件事都分成三个步骤来思考：行动的准备，行动，然后检讨结果。

这个模式的运用方式如下：

预备。采取行动之前，请花一些时间做准备。问问自己："我即将采取的行动是什么？""为何我要这么做？"也就是"我要达成的目的是什么？""哪些人会参与其中或受影响？""这项行动对他们有什么利弊？""我将怎样执行这项行动？"

行动。执行你在预备阶段所计划的行动方案。

检讨。行动之后，仔细审视行动过程和结果，包括预期中和预期之外的各种结果。通过回顾和复盘，可以从中学习到有价值的经验教训，并在未来进行适当的调整。这可能是我们认识的大多数管理者往往会忽视的。

"预备—行动—检讨"听来很简单，但大部分都做不到。一般人做事时通常都只是兵来将挡、水来土掩而已。我们只看到眼前的单一问题，而且一心只想破解它、解决它，然后继续前进。碰到问题时，我们很难停下脚步，仔细分析问题牵涉的范围，了解它对所有相关人等可能带来的影响。我们也很少暂停一下，仔细回想整件事情，反思我们学到了什么。

请让这个行动模式成为你做每件事的基本动作。

善于通过提问题来协助下属学习

根据我们的经验，"预备—行动—检讨"将为你培养出高效能管理者所具备的基本能力。回想你曾经跟随过的优秀管理者，他们应该都很会问问题，而且总是不断地发问。情况怎么样？你做了分析吗？

你打算怎么做，为什么？什么时候做？如果发生这个情况或那个情况呢？发生了什么，为什么？

我们认识一位非常杰出的国际出版集团的高级管理者，她以擅长提问而出名。她的一位下属如此描述："她其实是一位非常随和、有趣的人，但她会一直问你问题，一直追问，直到问出事情的核心……一旦她了解事情的始末，清楚地知道你在做什么时，你的思维和做法最好前后一致，否则她就会说：'你告诉我的是这样，为何你却在那样做？我有点不太了解。'她问的问题的力道会不断加强，你根本没办法蒙混过关。"

优秀管理者的问题不是用来找碴或羞辱下属的。这些问题可以同时发挥两大作用：引导同事采取正确行动，帮助同事以更具建设性的新方式来看问题。好问题可以让人学会如何思考。

应用于管理者的三大要务之中

加强自我管理

每周五，一些下属会在下班后小聚一番。上周，他们邀你一起参加，而你也花了一个小时时间和大家愉快相处。这个星期，他们又来邀请你了。你考虑了一下，决定婉言谢绝。你觉得这种事情偶尔为之很好，尤其是有值得庆祝的事情时。但你不希望它变成一种"哥儿们"式的社交友谊。你是团队的一员，但你和其他成员不同。仔细想了想，你觉得自己还是应该和同事保持一点距离。

每天的日常工作可以为你提供许多行使权威、与下属建立正确关系的机会。努力培养大家的好习惯：在响应一个问题或要求之前，先停下来问问自己。把它逐渐变成习惯。我能够怎样运用这件事，来达成我的管理目标及责任？将塞满每一天的琐事变成管理工具。

要在日常工作中把握这些机会，请问自己以下这些问题：

- 身为团队中的权威角色，大家期待我做什么？提供保护、资源？设立标准与界线？
- 此刻我是否太想树立"上司"的权威？
- 我如何利用这个机会来创造或加强与下属之间的正确关系？
- 我如何表达关怀，但又不至于创造出不合适的个人关系？
- 我如何利用这个机会来创造信任，展示自己的能力或重申自己的价值观？

加强人脉管理

产品制作会议结束后，你立刻上网订购了《目标》一书，这是关于一位管理者让自己的工厂脱胎换骨的故事。书寄到之后，你附了一张小纸条，立刻请人把书送给你在会议中碰到的一位新上任的生产部门经理，因为在会后闲聊时，你发现他一直想读这本书，但一直还没有机会去买。

你的日常工作中有太多机会可以让你建立人脉、加强人际关系。要掌握这些机会，问问自己以下这些问题：

- 这件事帮我发现或接触到一些应该列入我人脉网中的人吗？
- 这件事帮我加强与现有人脉成员之间的关系吗？
- 我应该把这份数据转送给哪一些同事参考吗？
- 这件事有助于我从自己的人脉网络收集信息吗？
- 这件事有助于我对组织及其他人或团体的需求，产生更多的了解吗？
- 我应该把这件事告诉上司吗？至少转寄个"请参考"给他？他是否可能通过提供建议、支持或资源来协助我完成这件事？我是否应该在采取行动之前，先与他讨论可能的选择方案？他会希望亲自处理这件事吗？他是否可以通过这件事来帮助我发展？

加强团队管理

这项管理要务有几个方面。

我们如何改善或推动计划

你被邀请去参加一个生产规划会议,因为公司的一座国外工厂突然因为设备故障而出了问题。你和其他管理者及生产部门的同事共同研究出一些替代方案。然后,在会议结束前的交流时间里,你拿出一份简单的图表,邀请几位同事一起看看你和团队针对某一项关键产品希望做的修改。通过这个简短的讨论,你得到了两项重要的改善建议。

请把握机会来推动或改善你的成文或不成文的计划。你可以问问自己:

- 我们可以利用这个机会收集到所需要的信息,以便更清晰地定义未来愿景或改善计划吗?
- 我可以利用这个机会来加强计划的推进吗?
- 我可以利用这个机会来了解或解决某些一直阻碍计划推进的问题吗?
- 这个机会是否有助于测试我们计划背后的假设前提?
- 我可以利用这个机会来请求协助或争取支持吗?
- 我可以利用这个机会来影响能支持我们计划的人,提升大家的重视程度,激起某种急迫感吗?

我如何建立或强化团队文化

一位新进成员迟了一天提交一份重要的分析报告。你告诉他:"你必须了解自己的延误对别人会产生什么样的影响。请你花五分钟时间与蓝迪、汉米顿及玛格莉特谈一下。他们知道你会去找他们,但他们不会批评或责怪你,只是要让你知道他们是怎么样依赖、运用你所做的事情。"

日常工作常可用来定义或强化团队运作及彼此合作的规范。问问自己：

- 这件事能帮助我们讨论或学习如何发挥团队精神、彼此合作，或如何改进工作绩效吗？
- 这件事能帮助我们理清或强化每位成员所扮演的角色，以及不同的角色应该如何彼此互助互爱吗？
- 这件事能帮助我们创造或强化团队的价值观及工作标准吗？
- 这件事能帮助我们建立或强化彼此的联系，或是让平常比较没有机会一起工作的成员，产生更为紧密的合作关系吗？
- 我们能利用这件事来鼓励建设性的、与工作相关的不同意见，或化解某些个人之间的冲突吗？

我如何协助同事进步或强化工作关系

你们即将举办一次重要的市场营销活动，市场研究人员正在进行一系列的焦点团体讨论会，以了解核心顾客对产品及在线教材的初步反应。这位同事会在事后准备一份讨论报告，而这些讨论会也会全程录像，以供事后参考。

但你知道，没有什么比在现场聆听及观察顾客的反应效果更好。平常，参加这些讨论会的人只限于市场研究人员，以及相关的产品开发人员，但这次，你决定邀请新产品的两位主要视觉设计师一起参与。他们从来没参加过这种讨论会，你也知道，他们基本上不太喜欢别人来告诉他们该怎么做设计，但你感觉他们似乎未能掌握新的目标顾客真正的感受。结果，两位视觉设计师不但参与、聆听了顾客的评论，而且大受激励，因而当场草拟了几种不同的设计方案，交由焦点团体继续讨论。最后，他们的设计果然让那些教材发挥了更好的效果。

许多管理者都以为教育培训一定得特别拨出时间，让同事去参加培训课程或接受工作指导。这些做法却不见得能够产生立竿见影的效果，因此员工培训常被不断延后或被忽略。

培训课程及其他"工作时间以外的学习"当然有必要，尤其是技术方面的培训。但日常工作应该才是学习与发展最主要的场所，工作与培训很少是独立进行的。相反，我们通常都是通过"工作"的安排，例如职位内容的设计、指派及进度追踪，来协助下属发展能力。通过这种模式来进行员工发展，每项任务、每个问题都应该是学习与成长的机会。你可以通过以下这些问题来掌握这些机会：

- 我们怎样利用这个机会来建立团队成员的知识、技能及自信？
- 这是肯定团队成员的好机会吗？
- 这是授权的好机会吗？若是，应该授权给谁？如何进行授权？
- 这件事是否提供了为同事进行工作指导的机会？
- 这件事可以用来反映或理清工作绩效的问题吗？
- 我可以利用这个机会与某位同事产生更好的联系吗？
- 这件事能否帮助我更加了解某位下属的背景、目标、需求及表现？

把"预备—行动—检讨"作为管理的工具

"预备—行动—检讨"不仅可以帮助你利用日常工作执行管理者的三大要务，它也是绝佳的管理工具，有助于提升管理下属的能力，为你提供更多与下属互动的机会，改善同事的工作绩效，帮助同事学习，甚至可以让你做出更好的授权。

预备的阶段让你事先了解下属的计划，为他们提供建议。问问他们：你打算采取什么行动？为何要采取这些行动？你将怎样进行？你如何利用这件事来协助达成团队的目标及计划？哪些人应该参与或知道这件事？你如何利用这件事来提升自己的知识与技能？如果你的假设错误，或是发生预期之外的情况呢？

在预备阶段采取这样的做法，将可以让你有效推动工作的开展，为同事提供进步的空间，进行更有效的授权。它可以让你确知某人已准备就绪，而他的行动也会与团队目标一致。

在行动阶段，这套方法可以协助你决定应该继续在执行层面扮演什么样的角色，或是根本不需要再插手执行层面的工作。

在部门工作会议中，将行动检讨列入每人必须提出的进度报告中，或列为一对一会议的一部分。以身作则——当你向大家说明自己的工作时，将行动检讨纳入其中。我们学到了什么？我们获得了什么教训？如果再来一遍，我们会做何调整？第10章中提到的"工作绩效评估"，当中的所有准则都可应用于此。

最重要的是，一定要指出同事表现优异之处，我们可以从失败中学习，当然也可以从成功经验中学习。有些管理者会刻意避免太多的称赞，因为他们不想让同事因自满而松懈。我们会反问，这是不是表示当我们的队伍在比赛中英勇得分时，我们也应该安静端坐、保持沉默，免得欢呼会让球员不再奋勇得分？当然不是。工作与比赛又有什么不同？每个人都需要鼓励。

要求团队成员在工作中也遵循"预备—行动—检讨"的步骤。让这几个步骤成为团队的工作惯例，每位成员都必须采纳、运用。在使用时要辅导他们，这将改进他们的工作，帮助他们运用他们的日常活动来执行团队的目的、目标和计划。

以"预备—行动—检讨"来强化授权

有些管理者觉得授权让他们很不自在，因为他们必须放弃自己的明星光环。他们担心分享权力会降低自己的重要性或控制权。他们视授权为弃权。

如果你也有这种恐惧或误解，你会发现"预备—行动—检讨"是非常好用的方法。它帮助你了解同事的成熟度及企图心，让你根据他们所处的不同阶段进行不同的授权。

你在授权方面的表现怎么样？如果团队成员中包含了不同程度的经验与能力，你就应该建立三种不同层次的授权。经过一段时间，如果你发现同事多半仍处于低度或中度授权的层次，也就是高度或中度控制，你的授权恐怕就仍嫌不足。

许多自认为已高度授权的管理者，却被下属认为只做了中度或低度授权。与同事讨论你的授权，如果他们认为你的控制仍然过多，或他们希望你进行更多的监督，他们会告诉你，你们就可以讨论要怎样调整。授权程度当然由你决定，但你必须知道下属的想法。

记住，授权不表示不参与。对团队的成功有关键影响的任务或工作，你仍必须密切追踪，掌握细节。你可以参与开会但不必当主席，要求同事提出特别报告或进度说明，到第一线直接接触顾客，监听客服专线，上网察看顾客响应，与第一线同事讨论他们的工作。管理工作极其庞杂，你必须善用判断力及技巧，让自己随时掌握重要的工作，又不必直接插手或完全控制。

使用预备—行动—检讨的目标，是让你的团队成员显得更有能力，更自信，更主动。如果你灌输一种始终提前考虑、评估结果、持续改进的理念，你就能达成目标，因为预备—行动—检讨本身就是一种学习模型。它模仿了我们最好的学习方法：通过尝试，评估结果，再尝试。这是我们担当任何新的技能或角色的方法。它将把每个活动都变成学习的经验。

事实上，这个简单的模式也是高效能管理者在执行管理工作时的基本循环。管理是永无休止的"预备—行动—检讨—预备—行动—检讨"，这是将平凡的日常工作变成管理工具的方法。你必须通过日常工作来达到管理的目的，而这也是你领导团队、创造成果、帮助同事学习，但又不必过度介入他们工作的绝佳做法。

这套模式当然不是万灵丹，却可以称为管理的"秘籍"，让你可以运用日常工作来完成管理的责任，也可以让你有效实践管理的三大要务。

第三篇总结：团队管理评估

你所带领的是真正的团队吗？是否具有强烈的使命感？你是否为团队定义了未来的愿景？你们拥有鲜明的团队文化，足以支持自己的使命、目的，并积极引领团队成员的工作及彼此的互动吗？

身为管理者，你的表现是否符合团队管理的标准？请以下列问题来进行检验。

你是否定义并不断修正你和团队所希望打造的未来？

你是否拥有成文及不成文计划，不但定义了团队使命、目前的工作、未来的愿景，还包括引领团队抵达目的地的目标、策略及行动？

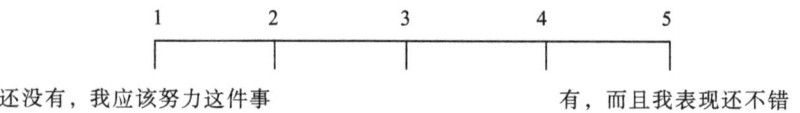

还没有，我应该努力这件事　　　　　　　有，而且我表现还不错

你是否不断收集信息、经常与同事讨论你对未来的想法，同时不断修正自己的计划？

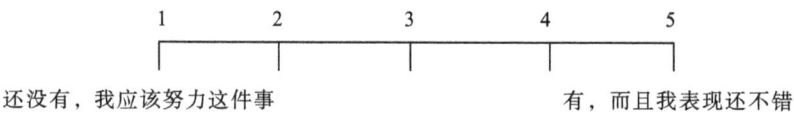

还没有，我应该努力这件事　　　　　　　有，而且我表现还不错

你是否积极理清每个人的角色、工作规范、团队文化，并提供工作表现反馈，好让自己带领的人变成真正的团队？

同事们是否拥有强烈的"一体感"，相信大家都竭尽所能地为有意义的目标而奋斗，而且不论成败都在同一条船上？

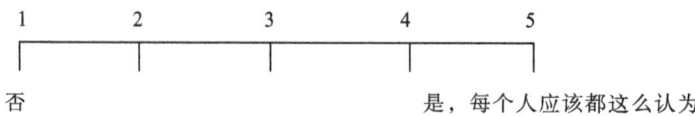

否　　　　　　　　　　　　　　是，每个人应该都这么认为

同事是否都清楚自己的角色，以及每个角色对团队使命及目标应有什么贡献？他们同意你的答案吗？

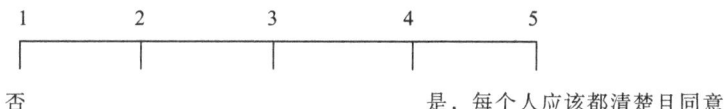

同事是否清楚团队的运作模式——定期执行的事项、制度以及工作惯例？他们同意你的答案吗？

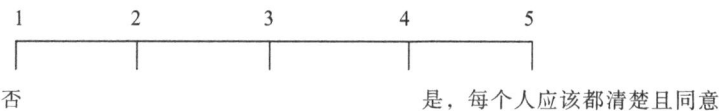

同事是否了解并深信引导他们互动、一起工作的价值观、信念及要求？他们同意你的答案吗？

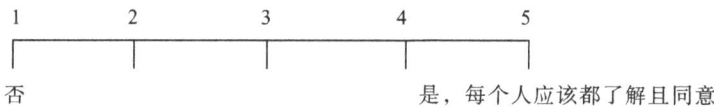

团队及个别同事是否定期获得你所提供的工作表现反馈？

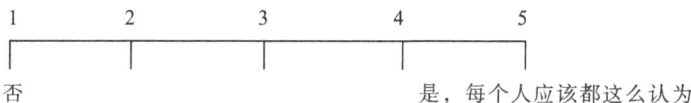

你是否经常与自己的团队共同检讨、讨论上述问题？

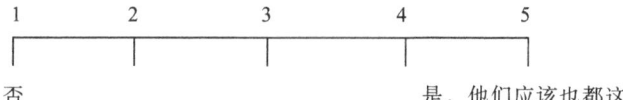

你是否了解同事，而且视同事的需要来调整自己的管理方式？

你是否对每位同事都有一定程度的了解，而且积极、公平地与每个人互动？

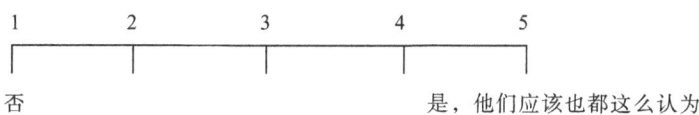

你是否尽可能授权给同事？

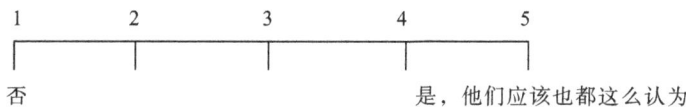

你是否努力协助团队成员成长和发展？

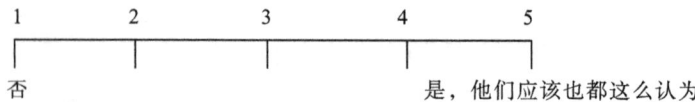

你是否经常对同事的表现进行评估?

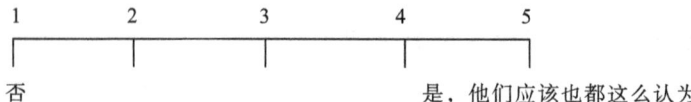

你是否常常引进既符合你们的团队文化,又能够带进多元特质的优秀人才?

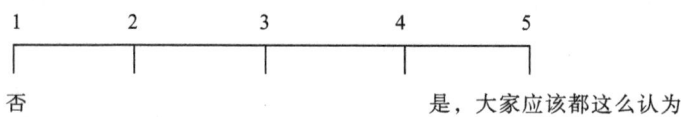

你是否明快处理工作表现不佳的问题,必要时,解除同事的职务,协助他们离职?

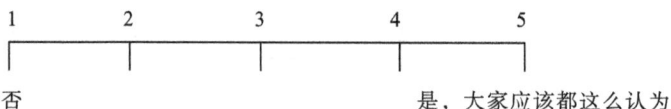

你是否利用日常的活动、事件及问题来实践管理的三大要务?

你是否随时运用"预备—行动—检讨"的行动模式,深思熟虑后面对所有的工作?

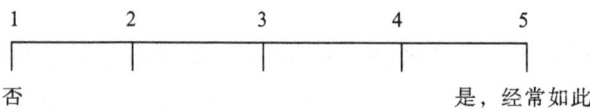

面对任何问题、工作或事件,你是否利用这些机会来达成团队目标、建立团队、发展同事能力、加强人脉?

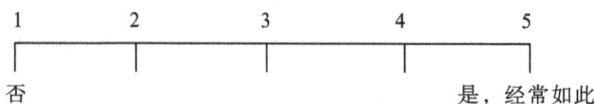

你是否要求同事以同样的方式来面对一切事务?

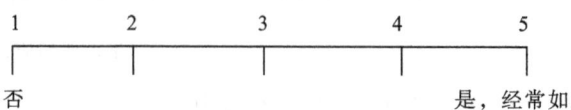

第 12 章
完成你的管理者之旅

从经验与人际关系中学习

下午 3:55。临时会议结束。大家花了一整个小时讨论新星计划面临的种种问题。

众人准备离开的时候,彼得森又说话了:"最后一点。我还有几件事需要请大家特别帮忙。第一,我们必须持续今天的讨论。我会在新星计划的维基社群中推出一个论坛,让大家继续讨论这些问题,共同找出解决方案。每个人都有机会贡献己见。我会很快再向大家说明这件事的后续规划。第二,我的任务基本上就是为大家创造出一个能够全力发挥的舞台,确保大家都能成功。如果我没有帮到你,或是我所做的事妨碍了你,请让我知道。我不会读心术,请直接来找我,跟我要求五分钟的时间,然后直言不讳。即使最后我不见得同意你的看法,我还是很高兴能听到大家的意见。"

"事实上，"彼得森继续说，"我还需要大家在一件事情上特别帮我的忙。每项新职务都会带来一些新的挑战。我的挑战就是要成为新星计划与公司其他部门，甚至公司外的一些团体，尤其是IFTE之间的桥梁。新星计划能不能成功，就看我能不能做好这件事。不幸的是，虽然这件事在我之前的工作中也很重要，但我当时并没有在这方面花太多功夫。沟通协调不是我的最爱，也不是我最擅长的事。所以，我恐怕得花点时间学习。

"大家在工作上会常常与公司其他部门以及外界的人接触，我需要各位帮忙的是，请特别问问别人对我们的看法，然后把你们听到的告诉我。如果你发现问题，如果有人不太了解我们在做什么，如果我们应该为别人做些什么，或是我需要跟某些人谈一谈——请来告诉我。我绝不是吃饱饭太闲没事找事。我之所以要这么做，是因为我们的成功必须依赖公司其他部门的协助与支持。在这件事上，我绝对需要大家的帮忙。"

下午4:05。茱莉亚·摩根出现在彼得森办公室门口。她敲了敲敞开的门扇，彼得森正在写跟卡维特开会时要用的提纲，他们将讨论新星计划在业务大会中做简报的问题。

"我要谢谢你，"摩根说，"刚才的会议以及所讨论的事真的非常重要。"她走了进来，脸上表情有点不安。"很抱歉再来麻烦你。我只是想知道，你是否考虑过我之前的要求就是有关那个靠窗的位子。"她显然觉得很尴尬，但态度似乎也很坚定。

彼得森完全忘了这件事。"真是抱歉，"他说，"我知道这件事对你非常重要，但最近实在发生太多事情，我应该在刚刚的会议里提起这件事的。"

"这件事对我真的很重要,"摩根说。她看来真的有点不舒服。"每到这个季节,我的心情就会变得,嗯,非常低沉。这种情况真的很痛苦。"她努力不让自己失态。

"很抱歉我刚才没有提起这件事,"彼得森说,"这样,我现在立刻发一封邮件给每个人,请大家在周一前回复。我周二就处理这件事。我保证。"

现在,让我们回过头来,再问问自己:"在学习成为管理高手的旅程中,你目前走到了哪个阶段?"

身为管理者,你目前的管理效能究竟怎么样?你还需要走多少路,才能真正精通管理的三大要务?你能够运用自己的影响力,让所有人有效一起工作吗?不仅包括团队成员,还包括那些你必须依赖,但又不属于你职权管辖的人?你能够让自己的团队发挥最大的工作绩效吗?

或是你已停止进步?你是否已经习惯于管理者这份工作,觉得自己已经学到足够的本领,因而变得安逸,不再觉得进步是那么重要的事?

进步只能来自你的工作经验、尝试与学习、观察及与别人的互动、实验与自我勉励。即使你才华横溢,管理这件事仍然没有快捷方式,因为管理就是有关你自己。管理可以为你提供无穷尽的机会,让你更多认识自己、认识自己的价值观、目标、理想、才能,以及在压力下的真实人格。

了解自己的长处与不足

管理旅程中的所有进展,必然都是从你对自己目前表现的认知开始。为了帮助你建立起正确的认知,我们再次提供以下在各篇最后出现的一系列问题。这些问题不但总结了三大要务的核心内涵，同时可以作为你评估自己目前表现的依据。

请根据自己有多符合以下各题的描述，评估你在那个领域的表现。例如，要在某个领域中给自己打 5 分，你就必须符合那个项目中所有面向的要求。

管理者要务之一：自我管理

你能否有效地使用自己的正式职权

这部分要评估的是：你是否将正式职权视为有用的工具，又不以它为影响别人的主要方式，你与下属之间的关系也不是由它来主导；你是否极力避免建立以工作职权为基础的人际关系，不把别人当成执行自己命令的工具。

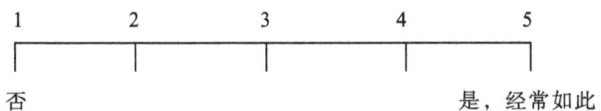

你是否能与下属建立起真诚但非个人友谊的关系

这部分要评估的是：你是否能创造并维系一种强韧而丰富的人性化联系，却又能以团队及组织的使命、目标为最高前提；你是否能够避免让个人友谊的重要性凌驾于"完成使命"这项最高的目标之上。

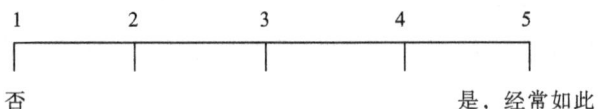

下属是否相信你作为管理者的能力与个性品质

这部分要评估的是：别人是否信任你有能力做出"正确的决策"。大家是否相信你的技术能力、操作能力、政治能力，以及你的个性品质（动机、价值观、行动标准、情绪稳定度及成熟度）。你的评估不只根据自己的想法及判断而已，而是有足够的证据显示大家对你的信任。

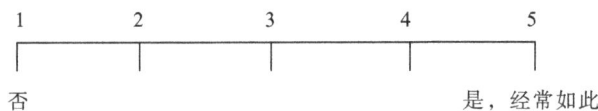

行使职权及影响力时，你是否秉持道德原则

　　这部分要评估的是：你在采取任何重要的行动之前，是否能够系统地去了解与这件事情有关的所有关系人，以及他们的利益，同时谨慎地衡量所有的利害关系。然后，当你实际采取行动时，你也会竭尽全力地去降低对他人权益的伤害。

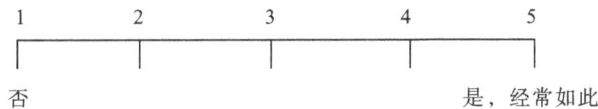

管理者要务之二：人脉管理

你是否经常评估哪些人应该列入你的人脉网络

　　这部分要评估的是：你是否能够系统地发掘自己和团队在达成目标的过程中所必须依赖的人或团体，或是那些必须依赖你们的团体或个人；你是否能够随时检讨自己的人脉网络及网络中的人际关系，以有效应对组织、大环境及计划的变动。

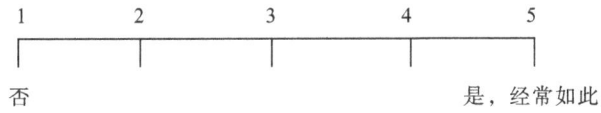

你是否积极主动地建立并维系自己的"运作人脉"

　　这部分要评估的是：你是否有意识系统地发掘、建立、维系自己运作网络中的人际关系，也就是团队在日常工作中所必须依赖的人脉。运作网络中包含了多元而广泛的弱关系，以及你最依赖的强关系。你是否会积极地去了解并支持网络成员的需求，并积极把握与他们进行联系的机会。

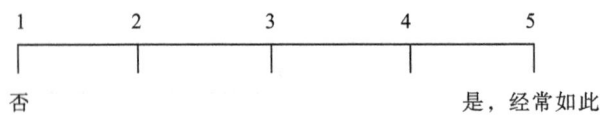

你是否积极主动地建立并维系自己的"策略人脉"

　　这部分要评估的是：你是否有意识系统地去发掘、建立、维系自己策略网络中的人际关系，也就是那些现在或未来有助于你和团队达到成长目标的人或团体。策略网络中包含了多元而广泛的弱关系，以及一些你最依赖的强关系。你是否会积极地了解并支持网络成员的需求，并积极把握与他们进行联系的机会。

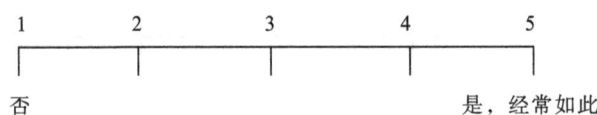

你是否善用人脉来保护团队，为他们提供所需的资源

　　这部分要评估的是：你是否能够积极地为自己的团队及团队成员的需求发声，保护团队不受干扰及误解；你是否能够有效地为他们解决团队内外的相关问题；你是否能够利用自己的人脉，来为团队取得所需的经费、人才、信息、支持及其他资源。

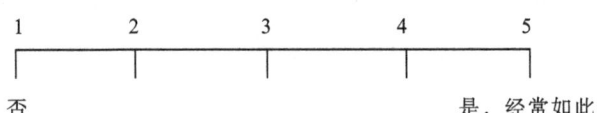

你是否积极运用人脉来达成团队目标

　　这部分要评估的是：你是否能够在自己的人脉网络中争取到助力与合作，打造你与团队一起定义的未来愿景；你是否能够与自己的人脉成员建立起同盟关系，以完成自己团队的使命、目标及计划；你的人脉成员是否信任你，也就是说，他们相信你的能力及人格，会让你做出对所有人都有益的事情。

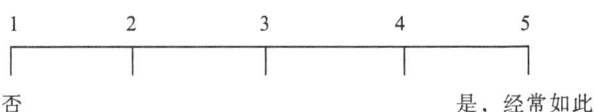

管理者要务之三：团队管理

你是否定义并不断修正你和团队所希望打造的未来

这部分要评估的是：你是否拥有一份计划，包括成文及不成文的计划，其中不仅定义了团队的使命、目前的工作、未来的愿景，还包括了引领团队达成愿景的目标、策略及行动；你是否不断收集信息，经常与同事讨论你对未来的看法，并不断修正你的计划。

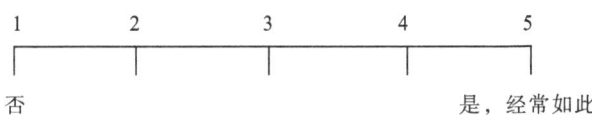

你是否积极理清每个人的角色、工作规范、团队文化，并提供工作表现反馈，好让自己带领的人变成真正的团队

这部分要评估的是：你的同事是否拥有强烈的"一体感"，相信每个人都在为一个有意义的使命而共同努力，而且不论成败，大家都在同一条船上；同事是否都知道自己的角色以及对应的贡献；他们是否都了解团队的运作模式——定期执行的事项、制度及工作惯例；他们是否了解并相信团队的价值观、信念及要求并愿意被规范；他们是否会定期获得个人与团队工作表现的反馈意见；你是否与团队定期讨论以上事情。

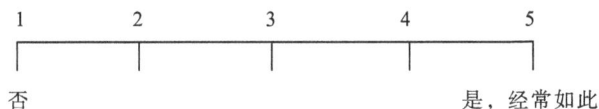

你是否了解同事，而且视同事的需要来调整自己的管理方式

这部分要评估的是：你是否了解团队中的每位成员，同时又能够积极、公平地与每位成员互动；你是否尽可能地授权给成员，同时也能全力协助团队成员进步和发展；你是否经常评估每位同事的工作表现；你是否经常能引进既符合团队文化，又能带进多元特质的人；处理成员工作表现不佳的问题时，你是否能明快地处理；真有必要时，你是否能够协助表现不佳的成员迅速离开现职。

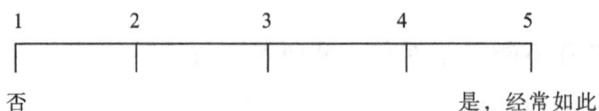

你是否利用日常的活动、事件及问题来实践管理的三大要务

这部分要评估的是：你是否能够善用"预备—行动—检讨"，深思熟虑后面对自己所有的工作；你是否认为自己碰到的每个问题、工作或事件，都可以用来达成团队目标、培训同事、强化人脉；你是否也要求同事努力遵循这套工作模式。

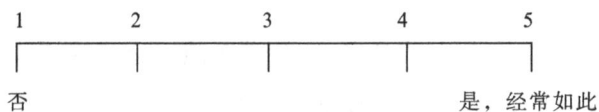

检讨你的自我评估结果

不论是上述问题，或是前三部分最后的总结问题，请再仔细检讨你的自我评估结果。你的评估结果是否呈现某种分布形态：少数几个1分、一些2分、一些3分、少数几个4分，或许还有一两个5分？如果你给自己的评估几乎都在3分以上，你应该稍微存疑。在我们的经验里，没有几个人能够在所有领域中都获得高分。还有，我们给自己打的分数，总是比别人给我们的高一些，这不也是人之常情吗？

别气馁，没有几个管理者能够完全符合三大要务中的所有标准。这些工作需要你付出宝贵的时间及努力。没有人是完美的，即使是最成功、工作效能最高的主管。正如我们一再强调的，你的目标不是追求完美，而是培养出成功所需要的能力，同时减少或补足那些可能会导致失败的弱点。

请以下列的原则来思考你的自我评估结果：

特别重视自己的长处、优点。哪些事情你做得特别好？你有没有自认的长处？别人是否也都觉得这些是你的长处？真正的长处会为你带来发展的机会——升迁及为你拓展新能力或新经验的"弹性任务"（stretch assignments）。

不要单独看你的长处，要将这些长处放在组织目标及策略中来考虑。组织现在或未来需要什么样的知识及能力？你的长处可以怎样帮助组织向前挺进？有助组织达成目标的长处，才能为你带来最多的机会及最快速的成长。根据组织的需求来找出自己应该加强的长处，也就是你得到3分的项目，以帮助自己获得更多、更重要的工作任务。

了解自己有哪些致命的弱点。看看你给自己打1分或2分的项目，找出其中有哪些可能让你和团队身陷危机。方法一：专注这些项目。例如，组织正全力规划未来，但规划能力不是你的最爱或强项，赶紧努力加强。方法二：自行克服这个弱点。如果难度太高，与一些能够弥补你不足的下属、同僚甚至外部人士合作。记住，现在看似不严重的弱点，很可能随着你的责任日渐吃重而变成致命的缺点。定期评估自己的能力，确保自己不因环境改变所带来的新需求而受阻。

了解自己的管理偏好。三大要务中的某些项目可能会让你特别有感觉。了解自己的管理偏好可以让你掌握两大好处：第一，长处加上偏好可以产生加乘的效果，如果你非常喜欢协助同事发展、成长，而你这方面的能力也超强，在教育、成长的任务或部门中，你的成功机会会大大增加。第二，这些也是比较容易拖累你的项目，你的偏好代表你有可能耽溺于这些工作。记得，长处发挥过了头就可能变成缺点。例如，你有很强的分析能力，但若发挥过了头或用来向别人示威、夸耀，反而会让人心生厌恶，甚至阻碍别人对你的分析结果的认同。

知道自己最不喜欢哪些工作。管理之所以困难，部分的原因是管理三大要务需要你做一些不喜欢的事情，至少刚开始的时候。为别人提供负面的反馈意见是许多管理者避之唯恐不及的事情，但你不可能只挑自己喜欢的事情做。如果你了解自己不喜欢做什么事，你就可以退一步，想清楚该怎么进行或是寻求别人的协助，避免落入不自觉逃避责任的陷阱。

你可以看出自己的优缺点与偏好之间的关联性吗？我们很容易就会特别喜欢那些自己做得比较好的事情，也会讨厌那些自知不在行的事。不要让你的偏好主导你的发展。记住，当你在某些方面越来越在行时，你对它的感觉可能也会随之改变。

设定个人目标

如果你确实按照我们的建议，进行管理能力的自我评估，你将能有效设定出自我发展的目标，为自己创造出管理之旅中最重大的进展。列出你的目标、随时牢记在心，定期检讨、修正你的目标。目标就是你这趟管理之旅的地图。

帮助自己不断进步

你已经知道自己哪些方面需要进步，但你知道怎样帮助自己进步吗？

善用公司的培训资源

不要忽略工作组织中所提供的正式培训课程。除了知识与技能之外，这些培训课程还能帮助你了解公司的政策、作业流程、工作惯例及组织文化，你能因此认识许多同僚，并将其纳入你的人脉网络中。

利用日常工作来进行自我发展

正如你可以利用日常工作来完成管理的职责，一样也可以进行自我发展。最重要的学习通常来自你的日常工作。"预备—行动—检讨"在此处也非常适用。

预备。每天早上以快速检讨一天的行程来开始这一天的工作。检讨每一项行程或工作时，问自己可以怎样利用它来发展自己的管理者能力，尤其是你自我发展计划中的重点项目。如果授权是你的学习重点，考虑将一件原本应该由你执行的工作授权出去，同时仔细思考应该怎样进行授权？应该问哪些问题？设定哪些界线或限制？提供哪些基本的工作指导？发生预期之外的事情时，也请应用相同的方式思考。采取任何行动之前，退一步，思考一秒钟，想想怎样才能利用这件事让自己更进一步。

行动。仅仅是"计划"用新的、不同的方式来行动还不够，你必须确实执行，不让自己在最后一分钟退缩。逼迫自己，如果不能离开自己的舒适圈或一贯的工作模式，你的进步将非常有限。例如，如果你习惯打断会议中的冲突场面，请克制自己，容许不同的意见充分表达，并自行化解冲突。只有当冲突转变成人身攻击或某些意见明显被压抑时才介入。这样，最后浮现的想法可能为你们带来更好的结果。

检讨。将反省变成一种习惯，就能发挥最佳效果。每天工作结束前，抽出一点时间，检讨这一天所发生的事情及其结果。哪些事情的结果还不错？你可以有哪些不同的做法？在脑海中回放你与别人的对话，假想自己就是你心目中最理想的管理者，你的言行会有什么不同？你有哪些地方令自己感到失望？它们怎么发生的？最重要的是，请以我们一再强调的根本问题来问自己：你给别人的感受为何？也就是说，当别人与你打交道时，他们会产生什么样的感觉？别人与你互动时，他们会对自己产生什么感觉？请回想你与别人的互动，想想别人是否会因为这次互动而变得更有意愿、更有能力把工作做好？如果不能，为什么？

最后，以自己的目标来检讨这一天所发生的事情。你是否实践了力求培养的新行为模式，或你的管理旅程是否有了任何重要的进展？你原本可以怎么样利用这一天所发生的事，让自己成为更符合自己理想的管理者？

有些管理者会利用笔记本或计算机记录下自己每天所做的事情，并写下检讨或心得。一位企业 CEO 告诉我们，他决定在每周五下班前，用录音机录下过去一周的工作检讨。6 个星期内，他竟然得以发展出很高的工作纪律——对所有"不在达成目标的关键路径上的事情"说"不"。这个做法让他有了足够的时间与主管部门周旋，因而快速启动了公司的全球化策略。

寻求反馈意见

你知道别人对你为何有如此反应吗？你最重要的挑战之一，就是了解自己对别人的真正影响，不论身为管理者、同事或下属。

你所造成的影响常常会与原来的用意大相径庭。赞美可能被解读为批评，因为你的赞美可能不如对方所期待的那么精准或慎重。我们知道一位美国的企业主管工作表现糟透了，但因为他的英国上司给了他一份平静而中规中矩的绩效评估，他以为自己侥幸逃过一劫，但其实他已面临被解雇的命运。

太多研究显示，许多管理者都会误会、误判和误解别人对他们的看法。许多主管以为自己为下属提供了"清晰的愿景及方向"，或已充分授权，但下属的看法却完全不是这么回事。团队为了紧急计划必须日夜赶工，而管理者也决定一连几天留到很晚才回家。这个计划并不需要他跟大家一起加班，但他希望展现休戚与共的精神。后来，当他不经意问起时才知道，同事们对他留下来加班竟然非常不高兴，以为他不信任同事。

这就是为什么在通过经验来学习、发展自我的过程中，你必须仔细寻求别人的反馈意见、协助与建议。你需要别人为你提供最诚实的看法。别人对你越诚实，你的自我评估就会越精准。

你是否征询别人对你的看法？要得到这种信息并不容易。直接询问别人通常得不到完整、真实的看法。我们都认识一些声称希望了解别人的看法但实际上却听不进半点负面批评的人。大家会慢慢测试你的忍受度之后，你才有可能慢慢赢得一点"听得进诚实批评"的名声。

你是否很能接受别人的负面反馈意见？你是否会直接否定自己所听到的意见？你是否只是被动地聆听、有口无心地说抱歉？你是否会极力为自己辩护、努力合理化自己的言行？

还是你能够以比较正向的方式来响应？你是否让大家觉得你愿意了解别人的看法，并希望从中学习、改进？你是否会请别人举例说明？你是否会提出问题、请对方更清楚地说明自己的意见？此事做起来非常痛苦，但你无法否定别人的真实感受、反应及看法。这些感受没有对错可言。不论他人的感受怎么样，反正你就是必须去了解，而且积极面对。

许多公司会进行360度的工作评估，以协助你了解与你一起工作的人对你的真实看法。评估结果可能会让人觉得不安、窘迫，但也常深具启发性，甚至足以改变一个人。企业的管理课程可为管理者提供一些安全的环境，让你可以通过角色扮演或其他练习来实验一些新的行为模式。

建立自己的发展网络

获取反馈意见最好的方式，就是通过自己的人脉网络：你的啦啦队、同伴或私人董事会。

第6章提到两种人脉网络：与你的团队日常工作息息相关的运作网络，以及团队在追求长程目标时所需要的策略网络。现在，我们为你提供第三种人脉网络：由一些帮助你在管理之旅中不断进步的人所组成的发展网络。请把这个人脉网络想象成你的个人顾问团。

发展网络成员是你能够寻求协助的对象。他们不会直接告诉你该怎么做，但能帮助你找出各种可能性，检讨不同的解决方案，让你看到别人眼中的自己，做出以大局为重的决策，面对管理所带来的各种情绪纠结。

管理工作充满了压力、冲突、琐碎、挫折、暧昧，又要做出许多足以影响别人的决策。发展网络的主要功能之一，就是为你提供情绪上的支持。他们是一群你能够完全信任、可以冒险暴露自己优缺点、讨论自己个人及专业上的困惑而且经验及判断力又深受你尊敬的人。

发展网络的人数必然有限，但成员来自四面八方，包括你工作外的朋友圈。纳入一些与你没有利害关系、判断力也不会受到不当影响的人。这些人坦率、诚实，而且多元，因为这样才能让你获得管理者之旅中所需的不同形式协助。你也要有加入对方的发展网络、尽心协助对方的心理准备。

将同僚纳入其中

同僚是许多管理者最愿意主动寻求建议或协助的一群人，同僚之间比较没有阶级或地位可能引发的复杂问题。由于许多人的工作内涵与你非常相近，你也比较能够获得多元但适用性较强的观点，与他们坦诚而自由地讨论问题，测试一些想法或做法，获得比较真实的看法或意见。他们可以为你建议一些新的思考方式，或提出好问题。这也难怪同僚之间的关系通常特别紧密而且维系久远，尤其是在相同时间晋升到类似层级的同事。对许多管理者而言，这些人是职场上最亲近的一群朋友。

然而，同僚关系也有潜在的问题。同僚可能会成为相同升迁机会、资源及注意力的竞争者。因此，他们也可能无法为你提供完全不受干扰的协助。

基于这些原因，你在不断进步的过程中必然会需要更多元、更有深度的建议与协助，因此，你的发展网络势必包括同僚以外的人。

将上司纳入其中

在自我发展的过程中，许多管理者常视老板为威胁，而非盟友。他们只有在碰到危机的时候，才肯向上司求助。所幸，他们常会发现，老板对他们的响应比想象中来得积极、友善得多。如果你能够为自己的成长负起责任，主动寻求协助，你可能会发现上司其实是获取反馈意见、信息及指导的宝贵来源。

然而，不是每位上司都愿意或能够扮演这个角色。因此，慢慢来、测试每个阶段你能要求到什么地步，如果你的老板也才刚上任，你就更需要放慢脚步。他也有不安全感，也需要时间学习成为一位称职的教练。

将下属纳入其中

你不太可能也不太应该寻求下属的忠告或建议，但千万不要忽略下属的反馈意见。他们是你希望影响的人，而你也应该知道自己的一言一行可能对他们造成什么影响。

要获得他们的诚实反馈，你必须获得他们的信任，而这需要时间，如果你公开表明自己也希望有所成长及改进，愿意坦承自己的错误或缺失，说明自己打算怎样改进，绝对会有帮助。有时候，不要问下属个人的看法，而是问"大家"怎么认为，你可能会比较容易获得有用的答案。

寻求反馈意见时，请下属举例说明你妨碍或协助团队发挥效能的实际情形。

运用本章前面所提供的有关管理者三大要务的自我评估。从下属的眼光看看其中是否有任何项目能帮助你成为更称职的管理者。

从榜样身上学习

要完成管理者的三大要务，你需要许多技能。但知道要"做什么"和知道"怎么做"之间，其实有很大的差距。要知道怎么做，你必须找出一些自己佩服，同时又拥有你所缺乏的技能及专长的管理者。通过观察他们的实际言行来学习。不要单纯模仿他们的做法，而是尝试各种不同的方式，直到找出让你自己觉得最自然、最合适，而且能够产生理想成果的做法。

忍耐学习所带来的痛苦

学习的过程可能很痛苦，没有人喜欢学习初期所感受到的那种笨拙、无力的感觉。你努力尝试，功亏一篑，从失败中汲取教训，继续尝试，不断尝试，直到成为个中高手。以授权为例，刚开始你惶恐不安，可能会觉得自己干脆回到原来的工作可能还简单、安心一点。

这是一个两难的问题。你可以回到原来的工作模式，但这样一来，你将无法获得想要的结果。你也可以坚持新的做法，虽然刚开始时你的心里会十分不安，而且觉得自己做得很糟，但你终将获得自己想要的结果。这是一种困难的取舍。

想要进步，就得忍受，要有耐心。

要度过这个阶段，你需要情感上的支持，以及别人的意见反馈、指导及建议。这正是发展网络可以扮演的重要角色之一。

找到职场上的导师

你必须找一位职场上的"导师"，经验丰富，可以为你提供智慧建言，必要时还能够保护你、为你开启机会之门，这样的人基本上就是你的靠山。

不幸的是，你无法创造或选择完美的导师。建立这种师徒关系需要看双方是否刚好对味，而且需要慢慢酝酿。这种关系维系起来也不容易，因为双方都得愿意花工夫、冒风险。突然失势的导师可以将徒弟也一并拖下马，而表现不佳的徒弟也可能会让导师受到连累。

你不可能找到完美的导师。你应该做的是，在组织内外找到几位能够帮助你学习、成长的人，与他们建立起良好的关系。虽然你无法强迫别人当你的导师，但你可以先成为完美的徒弟。你应该：

- 渴望学习；
- 努力将所学运用到工作中；
- 虚心接受诚实、甚至严苛的反馈意见或建议；
- 不随便浪费导师的时间或资源；
- 达成导师的期待与要求；
- 言行举止让导师颜面有光；
- 极力避免让导师受累、减少导师的风险；
- 对彼此的关系及互动保密；
- 对所获得的协助心存感激；
- 更重要的是，表现良好、懂得归功于导师。

寻求新的自我发展经验

除了从日常工作中学习，你更可以积极寻求新的学习机会。这意味着你应该在现有的工作中努力争取帮助自己拓展经验、发展新思维及新行为模式、能够为自己升迁铺路的"延伸性"任务。

不要坐等机会从天上掉下来。如果你知道自己在哪些方面需要发展、也知道应怎么样发展，如果你能够以策略性、长期的眼光来看自己的旅程，你就可以主动提议或创造一些学习的机会或任务。如果能够结合个人的需求及组织的目标，效果将会最好，因为你的成长将有助达成组织的目标。

以自己的长处及优势来争取或创造有助成长的任务，并借此建立一种具有自我强化功能的成功循环：以优势来争取新任务，在新任务中培养新的优势。这样，你的成绩及名声都将不断累积，你也将获得更多的影响力及责任，你的人脉将更广阔，地位也将不断提升。你的管理者旅程将争取到更多成长、晋升及进步的机会。

发展出自我成长的情绪成熟度

适用于下属的原则也都适用在你身上：所有的发展归根结底都是"自我"发展。请为你的学习之旅负起责任。

你必须通过经验及不断反省来学习、发展，然后再辅以你的发展网络、情绪成熟度、能力以及韧性，顺利地完成自己的学习之旅。

结 语
艰辛的旅程

这是一趟非常艰辛的旅程。你需要的不仅是进取精神和企图心,还需要你说或做一些有违本性或不符别人期待的事情。很少人能够只靠按照自己的性格或喜好去做,就能变成高效能的管理者。

不断地进行自我评估、寻求反馈意见,必然会让你承受许多痛苦与风险。你可能会听到或发掘出许多有关自己的事情,你可能会发现,你并不是想象中或理想中的自己。

寻求别人的协助或建议似乎暗示你有很多缺点或不足之处。听到让自己不舒服的话时,还要坦然地接受,这需要极大的成熟度。要向一些让你心存顾忌的人寻求协助,也不是一件容易的事,包括不友善的同事或掌握自己前途的上司。与人分享弱点和成长需求,也等于要你解除自我防卫。

但你别无选择。这趟旅程要求你必须努力超越自己原有的长处与优势,竭力发展新的能力,才能应付越来越复杂、越来越艰难的工作与责任。难怪那么多管理者纷纷半路夭折，还没有精通三大要务之前就放弃了这趟旅程；也难怪今天想要成为管理者的人越来越少。

所以，为什么你还想要做这件如此困难的事？为什么你还要逼迫自己继续这趟旅程？答案是，为了成功所能带来的满足感。至少有三种不同来源的满足感。

第一，来自你所能获得的回报与奖赏。例如，名誉、地位、金钱、个人成长以及某些特权，这些目标不见得是你想或应该要追求的，但在特别注重这些价值的社会里，这些东西并非毫无意义，尤其是它们还能与其他成就感相结合的情况下。

第二，来自你对别人的工作及生命所能产生的影响。当你在管理者之旅中一路扶摇直上时，你将被赋予更大的责任、影响更多人的生命和生活。随着责任的增加，你对组织、组织的成功，以及组织中所有同事的影响力也越来越大。如果你希望自己有所作为、自己的成就不局限于个人的成功，管理者之旅就能让你实现理想。此外，你的下属每天醒着的时间里，有一半是花在工作上，而且每周五天。你影响的不仅是他们的工作，还包括他们在工作中怎样看待自己。

第三，因你对社会的贡献而产生满足感。大家很少从这个角度来讨论管理工作，但如果没有管理，社会将无法运作。社会要进步，必须依赖各种组织、各种不同规模、怀抱着不同理想的群体有效运作，而管理正是组织是否有效运作的关键。管理能让一群人能够共同完成有益的事。缺乏管理，所有事情恐怕都将土崩瓦解，许多人会将自己的利益放在团体需求之上，每个人各行其是，而组织中的各种政治力量也终将使组织分崩离析。没有了管理者，社会中的所有体系，商业、军事、政府、社会都将无法长久和正常运转。如果有相当比例的管理者都决定半途而废，不再追寻自己的旅程，社会必将随你们一同沉沦。

为了你自己、你身边的人、我们所有人，我们希望你能够继续奋战，不断前进。你需要付出很大的努力，但你的收获与回报也将极为丰硕。

这趟旅程需要很强的自觉能力、自制力、纪律与韧性，但我们必须再加上另一项人格特质：勇气。

所有人都靠你——靠你发挥自己最大的勇气。

附 录
雷诺教育机构人员名单

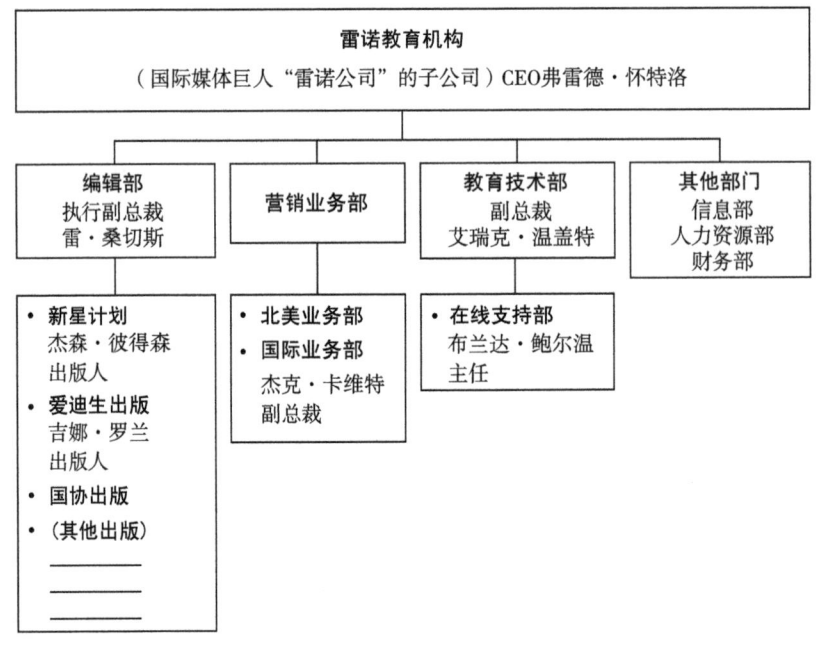

主要人物

项目创建

杰森·彼得森（出版人）

萨曼特拉·塔塔（资深编辑）

卡西·吴（助理编辑）

茱莉亚·摩根（编辑助理）

拉娜芭·苏尔（营销经理）

杰伊·布拉德肖（在线教材制作部经理）

罗伯特·卢汉（学校关系经理）

巴里·赫尔特格兰德（新星计划的财务分析师）

吉姆·杨（行政助理）

其他人

弗雷德·怀特洛（CEO）

雷·桑切斯（编辑部执行副总裁）

艾瑞克·温盖特（教育技术部副总裁）

布兰达·鲍尔温（在线支持部、教育技术部负责人）

杰克·卡维特（在线销售副总裁）

弗兰克·里格比（新星计划前任出版人）

吉娜·罗兰（爱迪生出版的出版人）

国际技术教育基金会（IFTE）

雅克·拉文杰（资深管理者，新星计划的联络人）

施密特博士（新星计划的编辑顾问）

推荐阅读

读懂未来前沿趋势

一本书读懂碳中和
安永碳中和课题组 著
ISBN：978-7-111-68834-1

双重冲击：大国博弈的未来与未来的世界经济
李晓 著
ISBN：978-7-111-70154-5

一本书读懂 ESG
安永 ESG 课题组 著
ISBN：978-7-111-75390-2

数字化转型路线图：智能商业实操手册
[美] 托尼·萨尔德哈（Tony Saldanha）
ISBN：978-7-111-67907-3